W0190176

GÜTERSLOHER
VERLAGSHAUS

Gütersloher Verlagshaus. Dem Leben vertrauen

Manfred Josuttis

Verführung zum Leben

Über die Geheimnisse des christlichen Glaubens

Gütersloher Verlagshaus

Bibliografische Information Der Deutschen Bibliothek
Die Deutsche Bibliothek verzeichnet diese Publikation
in der Deutschen Nationalbibliografie; detaillierte bibliografische Daten
sind im Internet über http://dnb.ddb.de abrufbar.

1. Auflage
Copyright © 2006 by Gütersloher Verlagshaus, Gütersloh,
in der Verlagsgruppe Random House GmbH, München

Umschlaggestaltung: schwecke.mueller Werbeagentur GmbH, München
unter Verwendung des Fotos »Ocean at Sunset« von Greg Betz,
© gettyimages/Stone

Druck und Einband: GGP Media GmbH, Pößneck
Printed in Germany
ISBN-13: 978-3-579-06857-2
ISBN-10: 3-579-06857-1

www.gtvh.de

NACH 70 JAHREN

Inhalt

Verführungen

»Komm mit«, flüstert die Frau auf der Straße. Sie kann einiges bieten, und sie wird einiges kosten. Verführungen zum Konsum jeder Art appellieren nicht nur an unsere Triebhaftigkeit. Sie verlangen auch eine einigermaßen vernünftige Kalkulation.

Auch Sophia, die Weisheit Gottes, steht an den Plätzen der Stadt und lockt: »O ihr Männer, euch rufe ich und erhebe meine Stimme zu den Menschenkindern!« (Sprüche 8,4). Die Herkunft dieser Frau ist mehr als edel: »Ich bin eingesetzt von Ewigkeit her, im Anfang, ehe die Erde war« (8,23). Sie verspricht alles, was zum Reichtum des Lebens gehört: »Ich liebe, die mich lieben, und die mich suchen, finden mich. Reichtum und Ehre ist bei mir, bleibendes Gut und Gerechtigkeit. Meine Frucht ist besser als Gold und feines Gold, und mein Ertrag besser als erlesenes Silber« (8,17ff). Ihre Einladung klingt in jeder Hinsicht verlockend: »Die Weisheit hat ihr Haus gebaut und ihre sieben Säulen behauen. Sie hat ihr Vieh geschlachtet, ihren Wein gemischt und ihren Tisch bereitet und sandte ihre Mägde aus, zu rufen oben auf den Höhen der Stadt: ›Wer noch unverständig ist, der kehre hier ein!‹ Und zum Toren spricht sie: ›Kommt, esset von meinem Brot und trinkt von dem Wein, den ich gemischt habe! Verlasset die Torheit, so werdet ihr leben, und geht auf dem Wege der Klugheit‹« (9,1ff). Gottes Weisheit wirbt um die Menschen. Sie will zur Kunst des Lebens verführen.

Diese Szenen aus dem Buch der »Sprüche« sind deswegen bemerkenswert, weil die Bibel von Verführungen sonst durchweg negativ redet. Zur Sünde werden Menschen verführt (2. Mose 23,33), zum Abfall von Gott (5. Mose 12,30), zur Hurerei (Hosea 4,12), zum Bösen (Matthäus 18,7), zur Ungerechtigkeit (2. Thessalonicher 2,10). Aber die Wankelmütigkeit des menschlichen Herzens soll nicht nur der Gegengott, der »Teufel und Satan« (Offenbarung 12,9) nutzen. Die himmlische Weisheit will Menschen mit Hilfe ihrer Verführbarkeit aus der Verführungsmacht des Bösen befreien.

Dabei arbeitet Gott nicht immer mit vernünftigen Argumenten und nicht unbedingt im Rahmen von Bewusstseinsvorgängen. Der Prophet Jeremia hat seiner Berufung zugestimmt, aber letztlich ist das eine Unterwerfung unter den Willen Gottes gewesen: »Herr, du hast mich überredet, und ich habe mich überreden lassen. Du bist mir zu stark gewesen und hast gewonnen; aber ich bin darüber zum Spott geworden täglich, und jedermann verlacht mich« (20,7). Denn als er berufen wurde, erfuhr er, dass sein Schicksal schon lange vorher von Gott bestimmt worden war. »Des Herrn Wort geschah zu mir: Ich kannte dich, ehe ich dich im Mutterleibe bereitete, und sonderte dich aus, ehe du von der Mutter geboren wurdest, und bestellte dich zum Propheten für die Völker« (1,4). Ähnlich hat Paulus in seiner Biographie einen gewaltsamen Einbruch erfahren, als er, der fromme und fanatische Jude, zum Apostel des Jesus Christus umgepolt wurde (Apostelgeschichte 9). Seither kann er den Gemeinden, die er mitgegründet hat, von sich nur sagen: »Ein Zwang liegt auf mir. Wehe mir, wenn ich nicht predigte!« (1. Korinther 9,16).

Menschen werden zum Glauben durch den Einfluss einer gewaltigen und manchmal auch gewalttätigen Macht geführt. Niemand hat Glauben von Anfang an. Niemand kann andere mit seiner eigenen Glaubenskraft überzeugen.

Und erst recht kann kein Buch Leser/innen mit der Kunst des gottseligen Lebens erfüllen. Die himmlische Weisheit ruft allen zu: »Kommt her, ihr Männer (und Frauen)«. Ein Buch kann nur ermutigen: Schaut hin. Entdeckt das, worin ihr euch seit eurer Taufe schon immer bewegt. Oder auch: Geht hin. Bisher habt ihr die Welt des Glaubens von ferne manchmal heftig kritisiert, manchmal auch nachdenklich bestaunt. Geht hin und fangt an.

Dieses Buch will Menschen dazu verführen, sich dahin in Bewegung zu setzen, woher sie immer schon kommen, wohin sie auch unvermeidlich gelangen werden, zum Urgrund des Lebens. Es will zur Selbst-Bestimmung helfen, zur persönlichen Annahme dessen, was die Bestimmung jedes und jeder Einzelnen ist. Eine gelingende Verführung endet mit Ja. Vielleicht kann auch dieses Buch dazu beitragen, dass Menschen zu ihrer Taufe Ja sagen, entweder im Rückblick auf das, was in ihrer Kindheit geschehen ist, oder mit der Absicht, sich nun endlich taufen zu lassen.

Solange wir leben, sind wir von Verführungsmächten umgeben, von Menschen und Medien, von Worten und Werbesignalen. Weltanschauungen prägen uns. Politische Parteien kämpfen um uns. Waren wecken unser Begehren. Gesellschaftliche Entwicklungen und persönliche Erfahrungen lösen Sorgen und Ängste aus. Auf den Straßen, in unserer Wohnung, in unserem Herzen werden wir überflutet von Botschaften, die uns ein gutes Leben versprechen. Manchmal finden wir für einige Zeit das Glück, das wir suchen. Früher oder später aber stellt sich auch die Enttäuschung ein, und wir beginnen, nach neuen Möglichkeiten für ein gutes Leben zu fahnden. »Unser Herz ist unruhig, o Herr, bis es Ruhe findet in dir«, hat Augustin festgestellt, nachdem er die philosophischen und die erotischen Attraktionen der antiken Kultur ausgekostet hatte.

Was hat Menschen aus allen Kulturen und Religionen, aus allen Klassen und Rassen zweitausend Jahre lang zum christlichen Glauben verführt? Sicher nicht nur das, womit heute in landeskirchlichen Broschüren geworben wird. Eine »Evangelische Kirche« z.B. stellt sich vor als »Eine lebendige Gemeinschaft«, die »in Glück und Trauer für Sie da« ist, die »feste Grundsätze in einer unsteten Zeit« anbieten kann, die »Nächstenliebe – nicht nur in nächster Nähe« organisiert und »viel Raum für Ihr persönliches Engagement« bietet. Die Menschen, die ihre Gemeinschaft so wortreich empfehlen, sagen an einer Stelle auch: »Wir glauben an …«. Aber der Glaube selbst scheint nicht besonders attraktiv zu sein, wenn es darum geht, die eigenen Mitglieder zu ermutigen und neue Mitglieder zu gewinnen.

Warum hat sich aus der Hinrichtung eines jungen Juden am Rand des Römischen Weltreichs eine Religion entwickelt, die sich trotz politischer Verfolgung und religiöser Konkurrenten über den ganzen Erdkreis verbreitet hat? Die Fischer und Handwerker, die damit begannen, waren nicht gebildet und auch nicht besonders freundlich. Und sie konnten auch das nicht bieten, was man bei kirchlichen Feierlichkeiten in Rom beobachten kann: grandiose Inszenierungen voller Pomp und Pracht. Im Laufe der Jahrhunderte wurde ihr Glaube auch immer wieder missbraucht: für politische Systeme und wirtschaftliche Interessen, zur Unterdrückung von Sklaven und Frauen, zur Ausrottung von Andersdenkenden.

Die Menschen, die den Glauben vertreten, können einladend oder abschreckend wirken. Aber es muss etwas gegeben haben und geben, was unabhängig davon zum Glauben verführt hat und auch heute verführen kann. Das müssen auf jeden Fall Einflüsse sein, die nicht nur emotional mitreißen, die vielmehr auch überzeugend wirken, wenn man die Chancen und Risiken des Lebens nüchtern kalkuliert.

In einer Zeit, in der man die Anstößigkeit des Glaubens kirchlicherseits gern versteckt, muss man als ersten Faktor der Verführungskraft nennen: die schroffe Behauptung. Am klarsten ist der unerhörte Anspruch, der den Glauben begründet, im Johannesevangelium formuliert. »Ich bin das Brot des Lebens. Wer zu mir kommt, wird nie mehr hungrig sein; und wer an mich glaubt, wird keinen Durst mehr haben« (6,35), erklärt, scheinbar ganz von oben herab, Jesus. »Ich bin das Licht des Lebens. Wer mir nachfolgt, der wird nicht in der Finsternis bleiben, sondern wird das Licht des Lebens haben«, heißt es an anderer Stelle (8,12). Und noch anstößiger, weil alles Irdische übersteigend: »Ich bin die Auferstehung und das Leben. Wer an mich glaubt, der wird leben, selbst wenn er stirbt; und wer lebt und an mich glaubt, der wird niemals sterben« (11,25f).

Ist das noch Verführung? Oder ist das schon Größenwahn? Hier redet einer unendlich hochtrabend von sich selbst und verspricht anderen unendlich weitreichend neues Leben. Wir brauchen das tägliche Brot. Wir brauchen das Tageslicht. Und wir brauchen immer wieder auch Hoffnung, dass es weitergeht mit unserem Dasein. Durch Sorgen, Angst und Mutlosigkeit sind wir jeden Tag in den Kampf um die Erhaltung des Lebens verstrickt. Jesus lädt nicht zu einem Gespräch ein und führt auch keine langen Diskussionen. Er, der sich selbst als Sohn Gottes bezeichnet, macht allen anderen ein unglaubliches Versprechen: »Wenn euch der Sohn frei macht, so seid ihr wirklich frei« (8,36). Zweitausend Jahre lang haben sich Menschen auf dieses verführerische Versprechen eingelassen.

Die schroffe Behauptung hat deswegen so gewaltig gewirkt, weil sie immer von spürbaren Erfahrungen begleitet gewesen ist. Das Evangelium, das mit Jesus Christus in die Welt gekommen ist, ist, wie Paulus es ausdrückt, »eine Kraft Gottes« (Römer 1,16). Das mussten die ersten Jünger erleben. Simon und Levi und viele andere wurden aus Beruf und Familie gerissen. »Komm mit!« »Folge mir! Und der stand auf und folgte!« (Markus 2,14). Etwas Unwiderstehliches muss in diesen Worten gesteckt haben. Die Last religiöser Gebote und Verbote wurde von den Menschen genommen. »Der Sabbat ist um des Menschen willen geschaffen und nicht der Mensch um des Sabbats willen« (Markus 2,27). Die Freiheitsparole, die dieser Satz formuliert, muss heute freilich in eine andere Richtung gesprochen werden. Der Mensch ist nicht dazu in der Welt, um als Teil eines Wirtschaftssystems zu funktionieren. Er hat, um Gottes Willen, Anspruch auf einen freien Tag, den er mit möglichst vielen Anderen gemeinsam begehen kann.

Spürbar, an Leib und Seele erfahrbar, ist die Kraft Gottes im Kampf gegen psychische und somatische Schäden gewesen. Jesus hat nicht viele Worte machen müssen. Das Gerücht von seinen Heilungsfähigkeiten verbreitete sich sehr schnell (Markus 1,28). Und zum Ärger seiner Anhänger arbeiteten auch andere Heiler alsbald mit der Kraft seines Namens (Markus 9,38ff). Seinen Jüngern hat Jesus die Vollmacht zum Reden und die Kraft zum Heilen ausdrücklich mit auf den Weg gegeben: »Geht aber und predigt: Das Himmelreich ist nahe herbeigekommen. Macht Kranke gesund, weckt Tote auf, macht Aussätzige rein, treibt böse Geister aus« (Matthäus 10,7f). Selbst da, wo eine leibliche Heilung verweigert wird, wie es Paulus erleben musste, wird dem Betroffenen eine innere Stärkung zugesagt: »Lass dir an meiner Gnade genügen; denn meine Kraft ist in den Schwachen mächtig« (2. Korinther 12,9).

Heiler, die Leidende von ihrer Krankheit befreien, Rabbinen und Philosophen, die Tipps für die Lebensführung vermitteln, hat es im Altertum in reicher Anzahl gegeben. Das Auftreten Jesu war im Unterschied zu allen anderen mit einer bestimmten Perspektive verbunden. »Wenn ich mit Gottes Finger die bösen Geister austreibe, dann ist das Reich Gottes zu euch gekommen« (Lukas 11,20). Alles, was dieser Mann gesagt und getan hat, alles auch, was in seinem Namen bis heute gesagt und getan wird, erfolgt in der Gewissheit: »Die Zeit ist erfüllt, das Reich ist herbeigekommen« – durch Buße und Glaube gerät man in den Raum des Evangeliums zum ewigen Leben (Markus 1,15).

Wenn es einen vernünftigen Grund dafür gegeben hat, dass sich das Christentum über Länder und Zeiten hinweg ausgebreitet und durchgesetzt hat, dann ist er an dieser Stelle zu finden. Die Verführungskraft von grandiosen Behauptungen und leiblichen Erfahrungen hat deswegen gewirkt, weil sie die Menschen mit einer einfachen Kalkulation ansprechen konnte. Kommt mit! Ihr wollt leben – hier findet ihr nicht nur Hilfe für ein gutes und gesundes Leben. Hier beginnt der Weg in das ewige Reich. Jesus hat die Elenden seiner Zeit voller Anteilnahme zu sich gerufen: »Kommt her zu mir, alle, die ihr mühselig und beladen seid; ich will euch erquicken« (Matthäus 11,28). Auf einem jüdischen Fest hat er sich sehr aggressiv, einen Gottesdienst störend, zu Wort gemeldet: »Wer durstig ist, der komme zu mir und trinke!« (Johannes 7,37). Zusammengefasst sind seine heiligen und heilenden Reden in einem Satz, der über alle Zeiten hinausweist: »Himmel und Erde werden vergehen, aber meine Worte vergehen nicht« (Markus 13,31). Mit diesem Satz trifft der Glaube Menschen an jener Stelle, an der sie immer und überall ansprechbar sind, im Willen zum Leben.

Menschen sind verführbar, weil sie leben wollen. Merkwürdigerweise sind viele einem Mann gefolgt, der das Gesetz des Lebenskampfes grundsätzlich verändert hat. Nicht einfach der Stärkere, der Fitteste, der sich gegen andere durchsetzt, hat die besten Chancen, sondern: »Wer sein Leben erhalten will, der wird's verlieren; doch wer sein Leben um meinetwillen und des Evangeliums willen verliert, der wird's erhalten« (Markus 8,35). Jesus selbst ist für seine Sache gestorben. Die große Koalition von Politik und Religion, von frommen Eiferern und nüchternen Machthabern hat ihn kreuzigen lassen. Aber seine schändliche Hinrichtung hat das Kreuz, das die Menschen zu tragen haben (Markus 8,34), verändert. Unterdrückung und Verfolgung, Krankheit und Leiden, Ängste und Sorgen, Ohnmachtserfahrungen jedweder Art, die auch und gerade zum Leben im Glauben gehören, verlieren an Schrecken. Sie sind nicht das Ende, sondern der Durchgang zum Leben.

Die größte Verführungskraft im christlichen Glauben ist wahrscheinlich das Zeichen des Kreuzes gewesen. Dieses Symbol war schon in vorchristlicher Zeit weltweit verbreitet. Beispiele dafür finden sich in Ägypten, bei Indianerstämmen in Nord- und Südamerika, in Indien. Aus den zwei Formen des Hakenkreuzes haben die Nationalsozialisten in

Deutschland, bewusst oder unbewusst, jene Variante gewählt, die Unheil vergegenwärtigt. Das Kreuz stellt die Einheit des Kosmos dar, die Verbindung von Himmel und Erde, es sollte für Fruchtbarkeit und Gesundheit sorgen, es vermittelte Lebenskraft in jeder Hinsicht. Im Christentum ist dieses Urzeichen überirdischer Macht mit dem Ereignis extremer menschlicher Ohnmacht verbunden worden – am Kreuz hängt der Gekreuzigte.

Paulus hat, von dieser göttlichen Macht bezwungen, immer wieder Erfahrungen extremer Ohnmacht erleiden müssen: »Fünfmal habe ich von den Juden vierzig Geißelhiebe weniger einen erhalten; dreimal bin ich mit Stöcken geschlagen und einmal gesteinigt worden; dreimal habe ich Schiffbruch erlitten, einen Tag und eine Nacht trieb ich auf hoher See. Ich habe weite Stecken zurückgelegt, ich bin in Gefahr gewesen durch Flüsse, in Gefahr unter Räubern, in Gefahr unter Juden, in Gefahr unter Heiden, in Gefahr in Städten, in Gefahr in Wüsten, in Gefahr auf dem Meer, in Gefahr unter falschen Brüdern; in Mühe und Arbeit, in viel Wachen, in Hunger und Durst, in viel Fasten, in Frost und Blöße; und außer allem anderen noch das, was täglich auf mich einstürmt, und die Sorge für alle Gemeinden. Wer ist schwach, und ich werde nicht schwach?« (2. Korinther 11,24ff). Im Blick auf den Gekreuzigten kann er dennoch triumphierend behaupten: »Aber in dem allem überwinden wir weit durch den, der uns geliebt hat, denn ich bin gewiss, dass weder Tod noch Leben, weder Engel noch Mächte noch Gewalten, weder Gegenwärtiges noch Zukünftiges, weder Hohes noch Tiefes noch irgendein anderes Geschöpf uns scheiden kann von der Liebe Gottes, die in Christus Jesus ist, unserm Herrn« (Römer 8,37ff).

Wer diese Verführungsdynamik des Glaubens an andere weitergeben möchte, kann eigentlich nur biblische Texte zitieren. Auch nach siebzig Jahren hat niemand so viele verschiedene Erfahrungen gemacht, so viele Prüfungen und Fügungen erlebt, dass er anderen mit seinen Einsichten weiterhelfen könnte. Deshalb kommen in diesem Buch immer wieder die biblischen Zeugen zu Wort. Ihre Gebete und Bekenntnisse, ihre Berichte und Visionen haben mehr als zweitausend Jahre lang Menschen zum Glauben ermutigt. Manchmal wirkten sie durch einen einzigen Satz, manchmal nach einem langen Studium. Auch heute laden sie auf jeden Fall zum Nachdenken ein, bis zu jenem Augenblick, in dem aus dem Nach-Denken ein Nach-Sprechen wird und man die überlieferten Texte im Herzen bewegt. In vielen Fällen kann es hilfreich sein, die hier nach der Luther-Übersetzung zitierten Bibelstellen in einer anderen Ausgabe nachzulesen und im Evangelischen Gesangbuch (EG) auch andere Lieder zu den großen Festen des Kirchenjahres zu entdecken.

Dieses Buch will »moderne« Menschen ansprechen. Und es ist von einem Autor verfasst, der sich durchaus als einen »modernen« Menschen betrachtet. Dennoch folgt es nicht dem gegenwärtig verbreiteten Aberglauben, dass der »moderne« Mensch entscheidende Inhalte der biblischen Botschaft nicht mehr zu akzeptieren vermag. Natürlich gibt es in der Heiligen Schrift viele Anschauungen, die von einem vergangenen Weltbild geprägt sind. Aber die entscheidenden Elemente des christlichen Glaubens sind auch in der Vergangenheit niemals selbstverständlich gewesen. Dass Gott existiert, dass Jesus aus Nazareth für andere gestorben und auferweckt worden ist, dass nach dem Tod

Leben in unvorstellbarer Form auf uns wartet, das ist durch die Jahrhunderte hin immer wieder öffentlich bestritten oder, wenn der Druck kirchlicher Zwänge zu groß war, im Stillen geleugnet worden. Und nicht zufällig tauchen in der Gegenwart dann, wenn man den biblischen Aussagen nicht mehr folgt, andere umfassende Weltanschauungen, Fortschrittsutopien, Gesellschaftsideologien, Ausrottungsphantasien auf, die das Leben von Einzelnen und ganzen Gruppen bestimmen. Die Vertreibung Gottes schafft Platz für manchmal ganz harmlos und vernünftig aussehende, aber in der Natur und unter den Menschen zerstörerisch wirkende Heilserwartungen.

Heute kommt der Druck, der das Denken und Verhalten der Menschen bestimmt, nicht mehr von Seiten der Kirche; vielmehr wird das Denken und Verhalten auch der Christ/innen von gesellschaftlichen Idealbildern beeinflusst. Das führt dazu, dass sich auch im kirchlichen Raum Vorstellungen über Gott und das Leben durchgesetzt haben, die von der biblischen Überlieferung erheblich abweichen. Gott muss heutzutage immer nur liebevoll sein – in der Bibel ist auch von Gottes Zorn und seinem strengen Gericht die Rede. Der Mensch ist für das moderne Denken trotz aller Schrecklichkeiten, zu denen er fähig ist, im Kern eigentlich gut und in seinen Entscheidungen wesentlich frei – in der Bibel dagegen verstricken sich selbst Propheten immer wieder in Schuld, weil auch sie von der Macht des Bösen von Zeit zu Zeit überwältigt werden. Die neue Welt Gottes soll, wenn man überhaupt damit rechnet, dereinst alle Menschen unabhängig von ihrem Lebenswandel aufnehmen – in der Bibel dagegen ist der Glaube, der zum Heil führt, mit Umkehr und Erneuerung verbunden.

Verführungen, die eine Beziehung auf Dauer begründen wollen, dürfen die schwierigen Seiten der Partnerschaft nicht verstecken. Der liebe Gott, der gute Mensch, das lockere Leben mögen auf den ersten Blick sehr einladend wirken. Aber sie werden sehr schnell durch die harten Erfahrungen, die zum Leben gehören, zerstört. »An einen solchen Gott kann ich nicht glauben« – sagen viele nach privaten Schicksalsschlägen oder globalen Naturkatastrophen. Als ob man mit einem solchen Satz an der Wirklichkeit des Lebens und an der Heiligkeit Gottes irgend etwas ändern könnte. Das Beste, was man von den biblischen Schriften sagen und zu Gunsten des christlichen Glaubens anführen kann, lässt sich so formulieren: Mit allen Erfahrungen, die einem im Leben begegnen, in den aufregenden und den abgründigen, in den schönen und den schrecklichen Augenblicken, fällt man aus der Welt des Glaubens nicht heraus. Deshalb sollen wir Gott »über alle Dinge fürchten, lieben und vertrauen«, wie Luther es im Kleinen Katechismus ausdrückt.

Verführungen setzen Verführbarkeit voraus. Nur wer etwas will, wird einem Lockruf folgen. Weil Menschen von Gott geschaffen sind, sind sie mit den Fragen des Glaubens schon immer befasst. Deshalb müssen wir in diesem Buch zunächst den »Glauben im Leben« betrachten. Solange wir atmen, sind wir mit drei Grundfragen beschäftigt: Woher kommen wir? Wer sind wir? Wohin gehen wir? Auch wenn wir unter die Macht des Glaubens geraten sind, werden wir diese Fragen nicht los: Woher komme ich im Glauben? Wer bin ich im Glauben? Wohin gehe ich im Glauben?

Das sind persönliche Fragen, die wir im Lauf des Lebens mehr oder weniger intensiv stellen. Manchmal sorgen sie dafür, dass wir uns für die Antworten zu interessieren beginnen, die der christliche Glaube seit zweitausend Jahren darauf gefunden hat und in die wir mit unserem Leben indirekt schon immer eingebettet sind. Denn dieser Glaube ist ein weiter, umfassender Raum, der nicht nur aus Ideen und Vorstellungen besteht, der vielmehr unsere Kultur, ja unsere ganze Gesellschaft an vielen Punkten bis heute prägt. Er deutet nicht einfach die Wirklichkeit wie jede andere umfassende Weltanschauung auch, sondern er hat das Dasein auch derer gestaltet, die ihn innerlich längst verabschiedet haben.

Das Leben im Glauben wird sicher durch jene Texte bestimmt, die seit alters zum Grundbestand jedes Katechismus gehören: durch das Glaubensbekenntnis, durch die Gebote und das Vaterunser. Diese Texte stammen teils direkt aus der Bibel, teils wollen sie die Botschaft der Heiligen Schrift in zentralen Aussagen zusammenfassen. Diese sprachlichen Traditionen jedoch haben sich in Festen und Ritualen niedergeschlagen, die uns im Jahresrhythmus begleiten und die Wendepunkte im Lauf unseres Lebens gestalten. Das Kirchenjahr fängt mit dem Fest einer Geburt an und endet mit einem Feiertag für die Toten, wie unser Leben von Anfang an den Segen Gottes benötigt und mit der Beerdigung der Gnade Gottes befohlen wird.

Deshalb führt uns der Glaube nicht in eine fromme, exotische oder gar absurde Sonderwelt, sondern in die Fülle des Lebens. Unergründlich ist das Geheimnis unserer Geburt. Unerschöpflich ist das Geheimnis von Sterben und Leben. Unaussprechlich ist das Geheimnis leiblicher Vereinigung. Ungeheuerlich ist die Gnade Gottes in seinem Gericht. Unser Leben ist in jedem Augenblick von jener unerforschlichen Macht bestimmt, von jener Wirklichkeit aller Wirklichkeiten, die man letztlich nur anbeten kann. »Kommt mit, ihr

Männer (und Frauen)!« Die Einladung der Weisheit ist eine Verführung zur allumfassenden Liebe.

Nach siebzig Jahren habe ich endlich und endlos zu danken.

Erwähnt werden dürfen Pfarrer Dr. Manfred Gerland und Pfarrer Josef Natrup, die mir beim Korrigieren geholfen haben.

Friedland, im Herbst 2005   *Manfred Josuttis*

I.

Glauben im Leben

1. Ich lebe

Leben heißt atmen. Solange ich atmen kann, bin ich am Leben. Beim Atmen zeigt sich, was leben heißt. Verbrauchte Luft atme ich aus, frische Luft atme ich ein. So vollzieht sich ein doppelter Austausch zwischen mir und der Welt. Ich lebe davon, dass draußen, um mich herum, frische Luft vorhanden ist und dass sich mit dieser Luft immer wieder Lebenskraft in mir erneuert.

Deshalb sage ich manchmal: Ich atme. Dann wäre ich ein freies Subjekt, das selbständig eine Handlung vollzieht. Aber das trifft nicht zu. Nicht ich atme, sondern es atmet in mir. Ich kann dieses Geschehen ein wenig regulieren. Beim Laufen atme ich schneller. Um zur Ruhe zu kommen, kann ich ruhiger zu atmen versuchen. Aber beides kann ich nur tun, weil und solange Es, etwas Unbestimmtes, das Leben in mir geschieht, unabhängig von meinem Willen, auch dann, wenn ich nicht daran denke, auch dann, wenn ich schlafe.

In jedem Augenblick lebe ich dadurch und davon, dass Leben in mir geschieht. Es pulsiert in mir. Es erfüllt meinen Leib. Es bildet die Grundlage für meine Gefühle und meine Gedanken. Es arbeitet in mir, auch wenn sich die Grundfragen des Lebens stellen. In einem alten Gedicht, dessen Verfasser unbekannt ist, sind sie so formuliert:

»Ich komme – und weiß nicht woher.
Ich bin – und weiß nicht wer.
Ich gehe – und weiß nicht wohin.
Mich wundert, dass ich so fröhlich bin«.

Woher komme ich?

Woher komme ich? Aus dem Leib der Mutter, die mich unter Schmerzen zur Welt gebracht hat. Aus der liebenden Vereinigung meiner Eltern, die voller Lust miteinander geschlafen haben, ohne an mich zu denken. Dabei hat eine Samenzelle unter Millionen anderer es geschafft, die Eizelle zu besetzen. So bin ich entstanden. Per Zufall. Oder nicht?

Kein Mensch auf dieser Erde hat mich wirklich gewollt. Meine Eltern konnten das nicht, auch wenn sie sich ein Kind gewünscht haben mögen. Mich, diese eine Person, haben sie sich nicht ausgesucht. Sie haben, ob die Befruchtung nun absichtlich oder unbeabsichtigt passiert ist, den Embryo wachsen lassen. Sie haben das Kind, warum es auch immer entstanden sein mag, zur Welt kommen lassen. Als ich da war, haben sie sich gefreut und waren freundlich zu mir und haben für mich gesorgt, so gut sie es konnten. Dank ihrer Duldung, ihrer Hilfe und Fürsorge bin ich am Leben.

Seit den Anfängen meines Lebens im Mutterleib und im Kinderbettchen bewegen mich Erfahrungen, Wünsche und Fragen. Der Fötus ist mit dem Uterus unauflöslich verbunden gewesen. Alles, was ich zum Wachsen benötigt habe, ist mir zugeflossen. Ich brauchte nicht zu schreien, nicht zu bitten, es war alles da. Erst nach der Geburt, nachdem die Nabelschnur durchtrennt worden ist, musste ich mein Bedürfnis nach Versorgung artikulieren. Zunächst habe ich Lärm gemacht, wenn ich Nahrung und Körperpflege und Zärtlichkeit brauchte. Allmählich musste ich lernen, dafür selber zu sorgen. Aber wie sehr ich auch arbeite und wie eng ich mit anderen Menschen zusammenlebe, tief in mir wütet die Sehnsucht nach mehr.

Ich lebe

Ich bin in mancher Hinsicht nicht nur unersättlich, ich bin in vielen Augenblicken haltlos. Der Fötus schwimmt im Uterus, in einem scheinbar unendlichen Raum der Geborgenheit. Hier kann man nicht straucheln und sich verletzen, hier ist man von allen Seiten umgeben. Nach der Geburt habe ich die Unterstützung der Eltern erlebt. Sie haben mich getragen, später manchmal auch ertragen müssen. Irgendwann habe ich stehen gelernt, mit beiden Beinen mehr oder weniger fest auf der Erde. Aber in schwierigen Augenblicken werden manchmal die Knie weich und ich drohe zu Boden zu sinken. Dann brauche ich den Rat anderer Menschen, die mir Halt verleihen. Und ich hege die Hoffnung, dass ich selbst einmal vollkommen selbständig bin.

Haltlos reagiere ich vor allem dann, wenn ich den Eindruck gewinne, dass ich nicht mehr geschützt bin. Der Fötus hat sich in einer freundlichen Welt bewegt, in der es nur gelegentlich ein paar unangenehme Schwankungen und plötzliche Erschütterungen gab. Nach der Geburt haben mich die Eltern beschützt, und es war schrecklich, wenn ich nach einem Albtraum aufgewacht bin und ihre schützende Gegenwart nicht sofort spüren konnte. Im Laufe der Zeit bin ich in immer neue Räume gegangen und musste dabei bei mir und bei anderen entdecken, wie schrecklich, wie schutzlos es im Leben zugehen kann. Am liebsten möchte ich mich gegen alles, was kommt, versichern lassen. Und selbst die Abenteuer, die zu einem abwechslungsreichen Leben gehören, sollen garantiert ein gutes Ende nehmen.

Der Fötus bewegt sich in einem Ozean, der scheinbar grenzenlos ist, weil das wachsende Lebewesen die Grenzen, die es benötigt, noch gar nicht wahrnimmt. Als sich die Welt nach meiner Geburt erweitert hat, haben die Eltern mir zu meinem Schutz ständig Grenzen gesetzt, die ich dann meistens nach einiger Zeit überschreiten durfte. Im Laufe des Lebens habe ich beides gelernt: Dass ich Grenzen überschreiten möchte, ist gut, um die Welt zu entdecken. Aber ich muss dabei prüfen, ob ich für das, was ich vorhabe, schon gerüstet bin. Oft schwanke ich zwischen Vorsicht und Übermut.

In den frühen Erfahrungen, dass ich versorgt, gehalten, beschützt und von guten Grenzen umgeben bin, bin ich beachtet worden, geliebt, geehrt und bejaht. Darin besteht »Das Recht des Kindes auf Achtung« (J. Korczak). Dort beginnt »die Würde des Menschen«, die »unantastbar« ist (Grundgesetz Art. 1). Jeder Mensch, in meiner Nähe und in der Ferne, verdient Respekt. Er hat wie ich Anspruch auf die Förderung seiner persönlichen Entwicklung, auf die Erfüllung seiner elementaren Bedürfnisse, auf den Respekt vor seiner Einzigartigkeit und seinen Eigenarten.

Woher komme ich? Aus dem Leib der Mutter, voller Erfahrungen und Erwartungen, voller Ahnungen und voller Wünsche. Ich bin ich, dieser eine besondere Mensch, ein Mensch aber auch wie Milliarden andere, die es vor mir gegeben hat, neben mir gibt und nach mir geben wird.

Wer bin ich?

Wer bin ich? Ich habe einen Namen. Das kann man so sagen. Aber stimmt es wirklich? Ist der Name mein Besitz? Oder muss ich nicht genauer sagen: Ich heiße NN, ich bin NN? Der Name ist das, was mich von den meisten anderen unterscheidet. Das gilt selbst dann, wenn in einer Sippe nicht nur der Familien-, sondern auch der Vorname weitergegeben wird oder wenn es, wie etwas bei »Gerhard Schröder«, zahlreiche Träger derselben Namenskombination gibt.

Ein Name besteht in der einfachsten Form aus zwei Elementen. Vor- und Zuname sagen mir und anderen: Ich bin einer/eine aus einer Familie. Ich bin einzigartig, aber auch zugehörig. Nur Findelkinder wachsen mit einem Namen ohne Vergangenheit auf. Deshalb ist ein Namenswechsel für die meisten ein hoch bedeutsamer Akt. Wenn man heiratet, eine Bekehrung erlebt oder in einen religiösen Orden eintritt, kann man einen neuen Namen erhalten und gerät auf diese Weise in eine neue Familiengeschichte und eine neue Lebenswelt hinein.

Ich habe einen Namen – das stimmt auch deshalb nicht, weil mein Name aus mir etwas macht. Er ordnet mich anderen Menschen zu, im Rahmen einer Familie oder einer sonstigen Lebensgemeinschaft. Er macht mich für andere ansprechbar. Er macht mich im öffentlichen Leben identifizierbar. Aber die Macht von Namen reicht wahrscheinlich noch weiter.

Bei manchen Familiennamen ist das unschwer erkennbar. Sie beschreiben Sohnesverhältnisse (z. B. Hansen, Simitis). Sie verraten etwas über den Stand, den Beruf, den die Vorfahren ausgeübt haben (Graf, Bauer, Schmidt). Sie zeigen die Herkunft an (Bayer, Preuß, Türk). Das alles klingt noch einigermaßen neutral. Aber bei den Tiernamen werden schon deutlich bestimmte Eigenschaften beschworen (Wolf, Adler, Hecht). Noch ausgeprägter ist diese Tendenz bei den Vornamen, die ursprünglich nach dem Namen des für den Tag der Geburt zuständigen Heiligen ausgesucht wurden (Martin, Ursula) und das Kind mit der Kraft des Namenspatrons ausstatten sollten. Wer über die Bedeutung seiner Namen nachzudenken beginnt, kann unter Umständen überraschende Einsichten über seine Person und seinen Charakter gewinnen.

Wer bin ich? Ich bin NN in der leiblichen Gestalt eines Menschen. Mein Namen ändert sich äußerst selten. Der Leib, der mich ausmacht, ist unaufhörlich Wandlungen unterworfen. Ich wache oder ich schlafe. Ich bin allein oder in Gesellschaft. Als Kind und als Jugendlicher habe ich ständig an Größe und Gewicht und Einsicht zugenommen. Wenn ich erst älter, dann alt geworden bin, habe ich sehr viele Erfahrungen im Leben gemacht, aber muss auch das Abnehmen von Lebenskraft akzeptieren. Mein Aussehen ändert sich im Laufe der Zeit, meine Aufgaben, auch meine Selbsteinschätzung. Ich soll das Kind gewesen sein, das ich auf einer alten Photographie vor Augen habe? Ich soll einmal so werden wie die Eltern, die einst groß und mächtig waren, jetzt aber alt und hinfällig sind? Und manchmal stehe ich morgens vor dem Spiegel und staune: Das, dieses Gesicht, dieser Körper, das soll ich sein?

Meine Lebensgeschichte steht in meinem Gesicht geschrieben. Sie prägt meine äußere Haltung. Sie hat sich in meinen Einstellungen niedergeschlagen. Mit elementaren Erwartungen bin ich zur Welt gekommen. Im Laufe des Lebens habe ich gute, aber auch schlechte Erfahrungen machen müssen.

Ich mache mir Sorgen, weil ich für mich und andere sorgen muss. Ich brauche Halt, gerade wenn ich in schwierigen Situationen in den Alkohol oder andere Drogen zu fliehen versuche. Ich habe Angst und brauche Schutz, wenn Krankheit und andere Katastrophen mein Leben gefährden. Ich mache mich schuldig, wenn ich die Grenzen des Lebens nicht respektiere und die Würde anderer Menschen, innerhalb und

außerhalb meiner Familie, verletze. Ich suche Achtung, Anerkennung, Respekt mit Augen, die hungrig und geil, streng
oder unterwürfig, warmherzig, kalt oder müde sind.

Ich bin ein Mensch, wie ihn M. Claudius in seinem
Gedicht beschreibt:

>>Empfangen und genähret,
vom Weibe wunderbar,
kömmt er und sieht und höret
und nimmt des Trugs nicht wahr;
gelüstet und begehret,
und bringt sein Tränlein dar;
verachtet und verehret,
hat Freude und Gefahr;
glaubt, zweifelt, wähnt und lehret,
hält nichts und alles wahr;
erbauet und zerstöret,
und quält sich immerdar;
schläft, wachet, wächst und zehret,
trägt braun und graues Haar.
Und alles dieses währet,
wenn's hoch kömmt, achtzig Jahr.
Dann legt er sich zu seinen Vätern nieder,
und er kömmt nimmer wieder<<.

Wohin gehe ich?

Als kleines Kind habe ich ein einfaches Ziel gehabt: Ich wollte groß werden. Ich habe sprechen und gehen gelernt. Ich
bin gewachsen und habe mich in jeder Hinsicht entwickelt.
Auch hier muss man fragen: Stimmt es wirklich, dass ich

mich entwickelt habe? Die Veränderungen an Leib und Seele, die ich erfahren habe, habe ich nicht selbst in Gang gesetzt und nur in kleinem Umfang gesteuert. Ich bin größer geworden, ich habe seelisch und geistig dazugelernt unter einem doppelten Einfluss. In meinem Leib ist ein biologisches Programm abgelaufen. Und meine Gedanken und Gefühle haben sich im Kontakt mit anderen Menschen geformt. Ich bin, was und wie ich im Augenblick bin, nicht aus eigener Kraft und nur in Grenzen nach eigener Planung. Ich wollte groß werden – ich habe also das gewollt, was die Lebenskraft in mir und die Lebenswelt um mich herum vorgegeben haben.

Nun bin ich mehr oder weniger groß geworden und habe dabei gelernt, dass die Größe einer Person nicht nur in ihrer Körperlänge besteht. Man kann groß werden durch Macht und Besitz. Man kann für andere Menschen wichtig werden durch persönliche Ausstrahlung und berufliches Wirken. Auch was nach außen gar nicht großartig aussieht, kann für Einzelne, um die man sich privat oder beruflich zu kümmern hat, von großer Bedeutung sein. Ob mein Leben groß oder klein ist, kann ich selbst eigentlich gar nicht entscheiden. Die meisten von uns werden damit zufrieden sein, dass sie für sich und andere einigermaßen gut sorgen können. Erwachsenwerden heißt immer auch, die eigenen Möglichkeiten und die eigenen Grenzen erkennen. Ich bin eine/r wie viele andere auch. Ich lebe so wie fast alle. Habe ich, der ich groß werden wollte und erwachsen geworden bin, noch Ziele?

Wahrscheinlich ist das Leben aller Menschen vom Anfang bis zum Ende von einem einzigen Ziel bestimmt: Sie wollen am Leben bleiben. Sie suchen ein Leben, das gut ist und glücklich. Selbst die, die so verzweifelt sind, dass sie ihr Dasein auslöschen wollen, sehnen sich letztlich nach Ruhe und Frieden. Dieser Wille zum Leben treibt alle an. Er bildet die Grundrichtung unserer Triebe. In der Sexualität will unser genetisches Erbe sich fortpflanzen. Durch Aggressivität wollen wir unsere Lebenschancen verteidigen. Reichtum und Besitz sollen unseren Lebensstandard auch in schwierigen Zeiten sichern. Macht soll uns vor den Ansprüchen anderer Menschen schützen, so dass wir umgekehrt deren Fähigkeiten ausnutzen können. Die meisten Gefühle, die uns bewegen, Liebe und Hass, Neid und Eifersucht, Angst und Sorge, Sehnsucht und Hoffnung, haben mit der Sicherung und Erhaltung unseres Lebens zu tun.

Glücklich sind wir in jenen Momenten, in denen wir ganz und gar nur am Leben sind. Wir blicken dann nicht zurück und denken nicht an die guten oder schlechten Zeiten, die wir hinter uns haben. Wir schauen auch nicht in die Zukunft und all die Möglichkeiten, die auf uns zukommen können. In den Augenblicken des reinen Glücks sind wir ganz und gar da, am Leben, erfüllt vom Leben, so dass Zeit und Ewigkeit ineinander verschwimmen.

Wohin gehen wir? In eine Zukunft, die ewig sein soll, obwohl wir doch wissen können, dass sie begrenzt ist. Unser Atmen wird einmal aufhören. Unser Leib wird begraben werden. Unser Name wird aus Adressenlisten und Melderegistern gestrichen werden. Warum können wir, bis es soweit ist, das Leben so wenig genießen? Warum sind wir, wenn wir uns nicht in den Augenblicken des Glücks befinden, oft so unruhig? Vielleicht wollen wir noch möglichst viel vom Leben mitnehmen. Vielleicht können wir ja aber auch das Ende des Lebens gar nicht erwarten. Warum? Was bewegt uns, was beschäftigt uns, was treibt uns – auch und gerade dann, wenn wir eigentlich Pause machen?

B. Brecht hat diesen rätselhaften Moment in einem Gedicht festgehalten:

»Ich sitze am Straßenrand.
Der Fahrer wechselt das Rad.
Ich bin nicht gern, wo ich herkomme.
Ich bin nicht gern, wo ich hinfahre.
Warum sehe ich den Radwechsel
Mit Ungeduld?«

Das Unheimliche und Unglaubliche

Ich atme. Ich habe einen Namen. Ich gehe meinen Weg. Also bin ich ein freier Mensch. Aber ich bin auch abhängig in vielfacher Hinsicht: von der Lebenskraft, die in mir steckt, vom Erbe meiner Familie, das mich geprägt hat, von dem Drang zu einem guten, möglichst ewigen Leben, der mich in allen Momenten begleitet.

Und noch etwas anderes steckt in mir, was weder zum Leben noch zum Glauben gehört. Eine erste Ahnung davon hat mich sehr früh überfallen. Irgendwann einmal hat das helle Gesicht, mit dem sich die Mutter sonst über mein Bettchen gebeugt hat, finster, abweisend, ja Schrecken erregend geblickt. Irgendwann einmal hatten mir Vater und Mutter verboten, mit dem Zeug, das ich aus meinem Bauch herausgepresst hatte und ihnen voller Stolz zeigte, zu spielen. Und irgendwann einmal haben sie mich für das, was ich gesagt oder getan habe, bestraft. So musste ich lernen, dass es im Leben schreckliche und verbotene Dinge gibt.

Solche unbegreiflichen Erfahrungen begegnen mir auch heute noch hier und da. Wenn sie in der Ferne passieren, regen sie mich gar nicht mehr auf. Die Nachrichten berichten davon, dass Kinder missbraucht, Frauen vergewaltigt, Gefangene gefoltert werden. Ich sehe Bilder von Verkehrsopfern und Drogentoten, von Verhungernden und Ermordeten. Ich lese Statistiken über Naturkatastrophen, die zunehmen, weil Menschen das Gleichgewicht in der Natur zerstören. Meistens lässt mich das kalt. Manchmal packt mich auch die Wut. Dann hasse ich das Leben. Und ich möchte alles zerstören, die Ordnungen, die so chaotisch sind, die Verantwortlichen in Politik und Wirtschaft, die nichts ändern, weil sie nichts ändern wollen oder nichts ändern können, vielleicht auch mich selbst, weil es mir im ganzen Elend der Welt eigentlich gut geht.

Ein Leben

»Am Anfang ist dieses Bild. Zwei Männer gehen durch eine Straße, der eine vorn, der andere hinten, die Straße, eine Sackgasse, ist mit Platten belegt, und die Platten sind voller Sand und Staub am hellen Tag. Der vorn zieht die Schultern hoch, steif geht er in brauner Jacke und leichten Schuhen, der hinten trägt ein blaues Hemd mit kurzen Ärmeln, das Hemd der Polizei, ein Schlagstock hängt am Gürtel, es war Krieg in Bosnien, der 6. Mai 1992, Vormittag, sie gehen langsam, vorbei an einem Mann, der am Boden liegt, linke Bildecke unten, blutend, tot, einen Arm seltsam verkrümmt, als wollte er sich schützen. Der Hintere hat eine Pistole in der Rechten, Scorpion mit Schalldämpfer, sein Arm ist in eine weiße Binde geschlagen. Neben der Straße steht ein Haus, das es heute noch gibt, ein altes Haus mit großen Fenstern, damals nackt, jetzt, zwölf Jahre später, mit Efeu bezogen. Der Hintere richtet seine Waffe auf den Kopf des Vorderen und schießt – die Wahrheit war ein Unfall, dieses Bild nicht vorgesehen: Hinrichtung eines Gefangenen, Muslim, wehrlos.

Der Fotograf, ein Serbe, war von Serben gerufen worden, Werbung für die serbische Sache, Propaganda, einen leeren Sarg sollte er fotografieren, daneben eine Frau, die zum Schein weint: Trauernde Serbin am Sarg ihres unschuldigen, von Muslimen ermordeten Mannes. Doch der Fotograf kam zu früh und hielt fest, was er sah, ein Verbrechen, sein Bild ging um die Welt und gewann einen Preis, World Press

Photo Award 1993, Premier Prix Photos Individuelles, der Krieg in Brcko, Nordbosnien, war sechs Tage alt, der Mörder seit zwei Tagen in Uniform, Goran J., ein bosnischer Serbe, vierundzwanzig, Traktorfahrer von Beruf, ein Mensch aus der Nachbarstadt Bijeljina, seine zweite Hinrichtung an diesem Tag. Jetzt stehen große grüne Schirme in der kurzen Gasse, die keinen Namen hat, Preminger Lager Beer, Korbstühle mit gelben Kissen, Tuborg, Kodak, ein Geschäft für Brautkleider, und Goran J., der vierzehn Maitage lang ein blaues Hemd besaß, eine Pistole und ein Funkgerät der Marke Motorola, lebt in einem italienischen Kerker, verurteilt zu vierzig Jahren Gefängnis vom Kriegsverbrechertribunal der Vereinten Nationen in Den Haag, manchmal ruft er seinen Vater an und sagt: Papa, erzähl mir vom Fischen.

Der Vater ist dünn und hoch, barfuß sitzt er auf dem Sofa seiner Schwiegertochter Ana, geborene P., neunter Stock, Gavrila Principa 22, Wohnung 53, 76300 Bijeljina, ein leiser schüchterner Mensch hinter großer Brille, und versucht zu lächeln. Als Kind, sagt er, spielte Goran am liebsten Ball.

Sommer für Sommer, sagt der Alte, fuhren wir nach Split zu Gorans Onkel, Goran und ich im kleinen Fiat, und immer war er so glücklich, war ich es auch, und das kann ich nicht vergessen, vielleicht wäre es besser, ich könnte es.

Dickes Glas schützt den Kaffeetisch, eine Stickerei, Blümchen mit rosa Blüten, lila Tauben, die grüne Zweige in ihren Schnäbeln tragen.

Gorans Kindheit war normal, alles war normal, sagt der Vater und blickt zum Anwalt, der neben ihm sitzt, der Anwalt, Veselin Londrovic, wiegt den Kopf und schweigt.

Ein Leben in Bijeljina am Ufer der Drina, die Bosnien von Serbien trennt, vierzigtausend Menschen, ein orthodoxes

Kloster. Am 7. Juni 1968 gebar Ivanka J., Frau des Buchhalters Aleksandar J., einen Sohn, Goran, ihr zweites Kind, das so anders wurde als das erste. Goran war laut, von vielen geliebt, ein schlechter Schüler und selten zu Hause, Goran weinte nie, weinte nur, als seine Großmutter starb, bei der er gelebt hatte, wenn die Mutter krank war. Acht Jahre lang zwangen ihn die Eltern zur Schule, der Vater nahm ihn zum Fischen mit, lehrte Goran den Hecht vom Wels zu unterscheiden, den Wels vom Sterlet, tagelang saßen sie an der Drina und schwiegen, Politik war Sache der Politiker, schmutzig, gemein. Goran liebte die Mädchen, sie ihn, er hasste die Arbeit, Goran J. wurde Traktorfahrer und wechselte die Stellen, die sein Vater für ihn suchte, immer wieder, J. wurde Soldat der Jugoslawischen Volksarmee, er war nicht besonders, fiel nicht auf, J. kehrte zu den Eltern zurück in ein kleines graues Haus am Nordrand der Stadt, Slobodana Jovanovic 5, Antenne auf dem Dach, Garage im Garten. Er wechselte die Stellen und begann zu trinken, hatte kein Geld, begann zu betrügen, zu fälschen, sechzehnmal, bis die Polizei ihn nach Tuzla ins Gefängnis brachte. 13. November 1990, zweiundzwanzig Jahre alt. Dort war er bis zum 22. Februar 1991 und schrieb seinem Richter, er bringe sich um, wenn er hier noch länger bleiben müsse, er erschieße, vergifte, erhänge sich, der Richter Veselin Londrovic bestrafte ihn mit viereinhalb Jahren Gefängnis, J. ging in Berufung und kam, bis das Gericht neu entscheiden würde, frei – doch dann war Krieg in Bosnien-Herzegowina, in Sarajevo, der Hauptstadt, in Mostar, endlich in Bijeljina, dem Nest im Norden, wo die Drina lautlos in die Save fließt.

Eigentlich dürfte Goran J. jede Woche nur während zehn Minuten telefonieren. Weil er sich gut beträgt in Italiens

Gefängnis und nicht auffällt, darf er es zweimal in der Woche. Dann wählt er die Nummer seiner Frau Ana, die immer trauriger wird und dünner, und wartet, bis er ihre Stimme hört. Er sagt: Ich brauche dich. Und dann sagt sie: Ich dich auch.

Seine Andenken stehen auf einem hellen Möbel an der Wand, Goran im Spielsalon, halb nackt und rauchend, Goran bei seiner Hochzeit, Goran, mit hängenden Armen, im neuen blauen Trainingsanzug, plump, sein Blick schüchtern, arglos, lieb, die Muttergottes und ihr Kind hängen unter Gorans Bild, ein bärtiger Heiliger, so mag sie ihn, so verliebte sich das Mädchen in den Mann, damals in einem Café in der Mitte der Stadt Bijeljina, als Ana glaubte, der Krieg sei längst vorbei.

Ana J. sitzt auf einem Stuhl, das eine Bein über dem andern, sie lächelt und weiß nicht, wohin mit ihren langen weißen Nägeln.

Es war Liebe auf den ersten Blick, sagt sie und kichert. Wussten Sie, dass Goran J. gesucht wurde, dass sein Name auf der Liste möglicher Kriegsverbrecher stand? Davon habe ich gehört, antwortet die Frau, doch kümmerte es mich nicht. Ana, was lieben Sie an ihm? Sie schweigt und zupft sich das Haar, schaut zum Anwalt, der nickt. Alles, sagt sie, ich liebe alles an ihm, ich kann ohne ihn nicht sein, sagt Ana J. Goran ist ein ehrlicher Mensch, sagt sein Vater. Charmant, flüstert Ana.

Sie war sechzehn, als sie ihn zum ersten Mal sah in einem Café in der Mitte der gewöhnlichen Stadt Bijeljina, die einst fünf Moscheen hatte, nun fünf Hügel aus weißen Trümmern, Goran J. war siebenundzwanzig, Kriegsveteran, er setzte sich an ihren Tisch, war witzig und sanft, im Februar 1995 zog Ana zu ihm an die Slobodana Jovanovic, im September heirateten sie, im Oktober gebar Ana einen Sohn, den sie auf den Namen seines Großvaters taufte, Gorans Vater, Buchhalter in einer Schule, Aleksandar.

Das Bild, das Goran J. bekannt machte, zeigt ihn von hinten. Sein Haar ist dunkel, kurz und sauber, ein gepflegter Mensch im sauberen blauen Hemd. Als der Mann, der vor ihm geht, steif vor Angst, getroffen am Boden liegt, schießt ihm J. eine zweite Kugel in den Kopf. So, im Lauf von vierzehn Maitagen, tat er es zumindest mit fünfzehn Menschen, wahrscheinlich mit mehr als hundert.

Am 3. Mai 1992, vielleicht am 4., stand er in der Polizeistation von Brcko, einem lang gezogenen grauen Gebäude, das die Serben erobert hatten, heute hängt daran die europäische Fahne, die bosnische, der Buchsbaum, der vor dem Eingang steht, ist zu einer hübschen Kugel frisiert. Jemand reichte J. das blaue Hemd der Polizei, eine Pistole mit Schalldämpfer, den Schlagstock, das Funkgerät der Marke Motorola, wenn du dich am Funkgerät meldest, sagte einer, dann nenne dich Adolf.

Am 6. sagte einer, nun besteh deine Feuertaufe, erschieß zwei Türken. Goran J., seit zwei Tagen in Uniform, befahl einen Muslim aus der Polizeistation, wahllos, Zimmer 13, er kannte den Mann nicht, heller Pullover, Bildecke links unten, er ging einige Schritte mit ihm, J. hinten, der Wehrlose vorn, sie bogen um die nächste Ecke, eine Sackgasse, die mit Platten belegt ist, J. schoss ihm in den Kopf, dann holte er den zweiten Mann, der zieht die Schultern hoch, steif geht er in brauner Jacke und leichten Schuhen, ein Unbekannter, seine Leiche wird nie gefunden, das Bild ging um die Welt, Schwalben nisten unter dem Dach der Polizeistation von Brcko, Oktober 2004, Videokameras an jeder Ecke.

Vom 7. bis zum 20. Mai, sprach der Ankläger des Tribunals in den Saal, war Goran J. in Luka, im Hafen der Stadt. Dort war er allmächtig. Chefhenker.

Um viertel nach fünf Uhr nachmittags rief der Vorsitzende des Gerichts, Claude Jorda, den ersten Zeugen der Anklage in den Raum, Zeuge A, der sich hinter den Vorhang setzte, dessen Worte, die er in ein Mikrofon sprach, verzerrt aus den Lautsprechern drangen. Wie alt sind Sie?, fragte ein Ankläger. Siebenunddreißig. Sind Sie Muslim? Ja. Wo lebten Sie vor dem Krieg, Zeuge A? In Brcko. Waren Sie im Gefangenenlager von Luka?

Als wir dort ankamen, mussten wir uns in eine Reihe stellen. Sie begannen, uns zu schlagen. Fünf Minuten später kam Goran J. Er sagte, er sei der Direktor des Lagers, man werde uns verhören, und wer schuldig sei, werde erschossen, wer unschuldig, der komme frei, aber er glaube nicht, dass ein Muslim unschuldig sei. Wieder wurden Gefangene gebracht, und J. stellte sich ihnen vor, er sei der serbische Adolf, und er sei Glied jenes Kommandos gewesen, das die Brücke über die Save sprengte am Morgen des 30. April, als hundert Menschen starben, Männer, Frauen, Kinder, er sagte auch, dass er in Luka schon hundertfünfzig Muslime getötet habe und dass er nicht daran denke, damit aufzuhören.

Der Ankläger fragte: Würden Sie ihn wiedererkennen? Ich glaube es, sagte der Zeuge A, er muss an seinem Arm eine große Narbe haben. Denn uns, den Gefangenen von Luka, erzählte er, diese Wunde hätten ihm Kroaten beigebracht, er sei Gefangener der Kroaten gewesen, die ihm Salz in die Wunde gestreut hätten, damit sie heftiger schmerze, sagte J. Zeuge A, was geschah in der ersten Nacht, die Sie in Luka verbrachten? Wir wurden in das Lagerhaus getrieben und mussten uns auf den Betonboden setzen. So saßen wir, bis es Abend wurde. Dann schlossen sie das Tor und begannen zu singen, wir rotten euch aus, ihr Türken, Schweine. Solche Dinge. Auch Musik von Kassette, serbische Lieder. Gegen Mitternacht wurde das Tor geöffnet, jemand schrie: Wir brauchen vier Freiwillige, um etwas zu erledigen. Vier Männer gingen hinaus. Man hörte Schreie, sie wurden geschlagen, man hörte ihr Stöhnen, ihr Winseln. Die vier wurden beschimpft, ihr Söhne von muslimischen Huren. Solche Dinge. Sie wurden geschlagen. Sie bettelten: Hört auf damit, ich habe nichts getan, ich bin unschuldig, unschuldig. Und dann hörte ich eine Stimme, die ich später jede Nacht hörte, Nacht für Nacht. Ein Befehl. Leg dich hin. Den Kopf auf das Abflussgitter. Dann hörte man ein Betteln. Tu's nicht. Warum ich? Ich habe nichts getan. Ich bin nicht schuldig. Schließlich hörte ich einen leisen Schuss. Irgendwie zitterte der Boden, auf dem ich saß, es war so nahe.

Goran.

Manchmal ruft er aus Italien an und bittet seinen Vater: Papa, erzähl mir vom Fischen.

Gerichtspsychiater rangen um Begriffe, Nils Duits und Bernard van den Bussche, sie redeten von Persönlichkeitsstörung, von Borderline, Externalisierung, Unreife. J. sei, als er Macht hatte, emotional auf dem Stand eines Sechzehnjährigen gewesen, sein ganzes Verhalten sei unbewusst darauf gerichtet, wahrgenommen zu werden, indem er, mordend, seinen Gehorsam beweise und indem er, Leben rettend, suche, einer Bestrafung zu entkommen, der Angeklagte besitze kaum eine eigene Identität und nehme ständig jene derer an, die ihn umgeben. Leicht beeinflussbar, manipulierbar, unfertig.

Mensch.

Bunte Teller aus Ton stehen im Schrank, handgemacht, kleine Aschenbecher, große Aschenbecher, Vasen, Schalen, Serviettenhalter, Kerzenständer, alles bunt und froh, ein grünes Krokodilchen mit großen weißen Augen – Gorans Vermächtnis aus dem Kerker an seinen Sohn Aleksandar, der nicht weiß, was der Vater tat, an seine Frau Ana, die sich nicht nach Brcko wagt, in die Sackgasse, wo das Bild entstand, das nicht zu löschen ist, der Mörder hinten, sein Opfer vorn.

Der Mensch Goran J. weinte laut und schluchzte, als vor Monaten Mama starb. Mama, Ivanka J., am 4. Juni 2004.

Barfuß sitzt der Vater auf dem Sofa und schweigt, schiebt die große Brille hoch.

Und Ana, wenn sie wach liegt, denkt: Gott verzeiht. Sonst wäre Gott nicht Gott. Nur Mensch«. (E. Koch, Mörder für zwei Wochen, DIE ZEIT Nr. 49, 25.11.2004, 68f., gekürzt, © Erwin Koch)

Eine Macht

Ein Mensch sitzt im Sessel, er liest ein Buch oder sieht in der TAGESSCHAU, was auch zum Leben gehört: die Zerstörung. Lebewesen, Menschen und Tiere werden getötet. Lebenswelten, Flüsse, Ackerböden, Wälder werden vergiftet. Dass alles, was einmal begonnen hat, auch zu einem Ende gelangt, das ist selbstverständlich. Und dass es zwischen den Arten, die die Erde bevölkern, einen Lebenskampf gibt, ein Fressen- und Gefressenwerden, das mag für manche schwer erträglich sein, aber es bildet ein Grundgesetz der Natur. »Ich bin Leben, das leben will, inmitten von Leben, das leben will«, hat A. Schweitzer gesagt. Und ich kann nur leben, wenn ich mir jeden Tag die Lebenskraft von Pflanzen und Tieren einverleibe. Die »Ehrfurcht vor dem Leben« öffnet mir die Augen dafür, dass ich selbst in das Lebensgesetz verstrickt bin.

Deshalb wird mein Lebenswille durch Verbote begrenzt. In allen Kulturen und Religionen gibt es Regelungen für das, was man essen und nicht essen, was man nehmen darf und was man abgeben muss. Zerstörung findet am deutlichsten dort statt, wo Menschen das Leben anderer gewaltsam beenden. Mord ist verboten in jeder Menschengemeinschaft. Und wird deshalb nach dem Gesetz der Vergeltung mit dem Tod bestraft. Nicht jede gewaltsame Tötung eines Menschen ist also Mord. Es gibt Situationen, zwischen Einzelnen, vielleicht auch zwischen Völkern, in denen man um der Lebenserhaltung willen Lebenskraft, die im Blut steckt, vergießen muss. Erst in der Neuzeit hat man die Hoffnung gewonnen, dass auch ein Mörder sich ändern kann. Und angesichts der modernen Waffenentwicklung ist eine kriegerische Auseinandersetzung rechtlich kaum noch zu begründen. Denn die alten Unterscheidungen greifen nicht mehr. Die Soldaten im Flugzeug sind oft besser geschützt als die Zivilisten, die am Boden getroffen werden. Und die Menschen, die in Hiroshima überlebt haben, hatten länger zu leiden als diejenigen, deren Leben sofort vernichtet war.

Am Beispiel des Mords zeigt sich, dass das Lebensrecht, das mein Leben schützt, dadurch begrenzt ist, dass auch das Leben der anderen geschützt ist. Ich darf ihr Leben nicht durch Anwendung von Gewalt, nicht durch Körperverletzung und seelische Grausamkeit verderben. Wer an seine eigene Kindheit zurückdenkt oder überlegt, wie schwierig die Erziehung der eigenen Kinder ist, wird verstehen, dass man nicht nur durch Mord und Totschlag das Leben anderer, sogar das Leben von Menschen, die man eigentlich liebt, beschädigen kann.

Es gibt schreckliche und es gibt verbotene Dinge im Leben. Es gibt aber auch eine Macht, die uns antreibt, alle Grenzen zu überschreiten und alle Verbote zu übertreten. Die Suche nach Transzendenz, die uns lebenslang bewegt und zu Gott führen könnte, verführt uns in eine andere Richtung. Sie verführt uns zum Bösen.

Das Böse ist eine unheimliche und unglaubliche Wirklichkeit. Es hat keine Heimat im Leben und keinen Platz im Glauben. Es ist kein Wesen, sondern treibt nur sein Unwesen in der Welt. Menschen könnten in Frieden miteinander leben. In der Natur finden sie alles, was sie benötigen: Nahrung gegen den Hunger, Heilmittel gegen Erkrankung, Orte zum Wohnen, Platz für ein Grab. Und sie selber haben zahlreiche Hilfsmittel entwickelt, um den Lebenskampf zu bestehen, Waffen für die Jagd und Werkzeuge für die Bebauung der Erde. Sie könnten in Frieden leben und in Frieden sterben. Zum Leben gehört das Böse eigentlich nicht. Es hat kein Recht, da zu sein. Es hat hier keine Heimat. Deshalb ist es unheimlich.

Aber es gehört auch nicht zum Glauben. Kein Glaubensbekenntnis enthält einen Satz, der von dieser Macht redet. Keine/r muss deshalb die Rede von der »Erbsünde« für wahr halten. Mit dieser Anschauung hat man versucht, die Übertragung des Bösen von einer Generation zur nächsten biologisch zu illustrieren. Die Sünde soll durch die Zeugung im Geschlechtsverkehr an den Nachwuchs weitergegeben werden. Man wollte damit erklären, wieso in der Geschichte der Menschheit trotz aller Veränderungen, die da passiert sind, das Böse nicht beseitigt worden ist. Es hat Revolutionen, Befreiungsbewegungen, Aufklärungskampagnen, Bildungsaktivitäten der verschiedensten Art gegeben. Aber die Erfahrungen mit dem Schrecklichen, mit dem Verbotenen und mit der Zerstörungswut haben nicht aufgehört. Man kann diese Macht bei anderen sehen und in sich selbst entdecken. Wie sie sich durch die Zeiten und Räume in den Menschen ausbreitet, ist unbegreiflich. Sie ist unheimlich, weil sie das Leben bestimmt, ohne dort zu Hause zu sein. Und sie ist unglaublich, weil Menschen ihr, ohne an sie glauben zu müssen, gehören.

Woher kommt diese Macht, was macht ihr Unwesen aus? Alte Mythen berichten von einem urtümlichen Abfall. Ein gewaltiger Engel habe im Aufruhr die himmlische Welt verlassen und sei zur Erde gestürzt. Seitdem beherrsche Satan, der Widersacher des wahren Gottes, die Schöpfung. Volkstümliche Legenden zeichnen das Bild des Teufels in eleganter oder bäuerlicher Kleidung, erkennbar nur an einem Huf und einem Schwanz. Das Böse in Gestalt eines Mannes ist hier durch tierische Vitalität charakterisiert. Trotz der Harmlosigkeit, die eine solche Darstellung vorgaukelt, hat der Volksmund diese unfassbare Macht respektiert und häufig vom »Gottseibeiuns« geredet. Direkt darf man das Böse also gar nicht benennen, sondern nur im Schutz der göttlichen Allmacht erwähnen.

Am prägnantesten trifft das Unwesen dieser Macht wohl der griechische Ausdruck »Diabolos«, der Verwirrende. Diabolisch ist, dass Menschen nicht mehr genau wissen, was gut und was böse ist. Diabolisch ist auch der Versuch, die Grenze zwischen dem Göttlichen und dem Menschlichen einzureißen. Die Urszene einer solchen abgründigen Verwirrung erzählt die biblische Schöpfungsgeschichte: »Aber die Schlange war listiger als alle Tiere auf dem Felde, die Gott der Herr gemacht hatte, und sprach zu dem Weibe: Ja, sollte Gott gesagt haben: ihr sollt nicht essen von allen Bäumen im Garten? Da sprach das Weib zu der Schlange: Wir essen von den Früchten der Bäume im Garten; aber von den Früchten des Baumes mitten im Garten hat Gott gesagt: Esset nicht davon, rühret sie auch nicht an, dass ihr nicht sterbet! Da sprach die Schlange zum Weibe: Ihr werdet keineswegs des Todes sterben, sondern Gott weiß: an dem Tage, da ihr davon esset, werden eure Augen aufgetan, und ihr werdet sein wie Gott und wissen, was gut und böse ist« (1. Mose 3,1-5).

Wie diese Urszene endet und wie die Menschheitsgeschichte beginnt, ist bekannt. Die Menschen haben die Unterscheidung zwischen gut und böse entdeckt und werden nun auch vom Baum des ewigen Lebens essen wollen. Deshalb müssen sie den Garten des Friedens verlassen und ihr künftiges Leben unter dem Fluch Gottes fristen.

Das Böse hat den Willen zum Leben besetzt. Es bestimmt den Weg zu einem glücklichen, möglichst ewigen Leben an vielen Punkten. Die Lust, die der Weitergabe des Lebens dienen soll, wird zur Sucht, die immer neue Objekte benötigt und auch vor der Anwendung von Gewalt nicht zurückschreckt. Die Fähigkeit zur Abgrenzung, zum Nein-Sagen, die eine persönliche Lebensgestaltung ermöglicht, drückt sich manchmal in der Verteufelung oder gar in der Beseitigung von anderen aus. Der Einfluss auf andere, die Macht, mit der wir für unsere Sicherheit sorgen können, wird zur Bemächtigung, wenn wir andere Menschen benutzen, unterdrücken und für unsere Zwecke ausbeuten. In den Regungen meines Lebens wirkt eine fremde Macht, durch die ich mir manchmal selbst fremd werde.

»Gelegenheit macht Diebe«. Was Goran J. getan hat, kann man psychologisch und soziologisch zu erklären versuchen. Vielleicht hat es vorher Probleme in seiner Erziehung oder schlechte Erfahrungen mit Nachbarn gegeben. Aber zuletzt bleibt sein Schicksal unheimlich. Der ist immer unauffällig und freundlich gewesen, liest man in Zeitungsberichten über Personen, die ein Verbrechen begangen haben. Wenn sich die Gelegenheit bietet, werden Menschen manchmal von Mächten überfallen, die durch keine vernünftige Überlegung zu begrenzen sind und zu Untaten führen, mit denen vorher keiner gerechnet hat. Es steckt viel Erfahrung und auch viel Wahrheit in dem Satz aus der biblischen Urgeschichte: »Das Dichten und Trachten des menschlichen Herzens ist böse von Jugend auf« (1. Mose 8,21).

Diese Erfahrung kennen fast alle. Ich will es eigentlich gar nicht – aber es platzt aus mir heraus. Eiskalt oder voller Wut sage ich einen Satz, der mein Gegenüber tief verletzt. Was ich noch nie getan habe, tue ich jetzt: Ich schlage zu. Selbst wenn ich eine Untat lange geplant habe, überkommt mich, auch wenn sie unentdeckt bleibt, in manchen Stunden die Reue. Bin ich es, der Böses tut? Ist mein Charakter dafür verantwortlich? Oder die Menschen, die mich erzogen haben? Ist das Böse, das ich nicht will, in mir zu Hause, weil es, wie oft oder selten auch immer, aus mir herausbricht? Wie werde ich jener Mensch, der ich eigentlich bin und der ich auch wieder werden möchte?

»Mich wundert, dass ich so fröhlich bin«.

2. Ich glaube

Leben heißt Vertrauen von Anfang an. Als ich schrie, kam die Mutter. Wenn ich Hilfe brauchte, haben die Eltern mich unterstützt. Dadurch habe ich allmählich, mit dem Anwachsen meiner eigenen Kräfte, Selbstvertrauen gelernt. Abends, wenn ich zu Bett gehe und einzuschlafen versuche, verlasse ich mich darauf, dass ich auch wieder aufwachen werde. Trotz aller Schwierigkeiten, die sich im Lauf des Lebens ergeben, können Menschen das Vertrauen, das sie von früh an erfahren haben, mehr oder weniger bewahren. Sonst sind sie auf die Dauer nicht lebensfähig. Vertrauen stützt sich auf Erfahrungen und begründet Erwartungen.

»Ich glaube« – das ist in der Sprache der Religion ein Satz des Vertrauens. Dieses Vertrauen richtet sich dann nicht nur auf die Menschen in meiner Umgebung und auch nicht nur auf die eigenen Fähigkeiten, sondern auf jene Macht, die jenseits der Welt existiert und in aller Verborgenheit die Welt regiert, auf jene Macht, die vor mir gewesen ist und nach mir sein wird. »Ich glaube an Gott«. Gute Erfahrungen hat er mir geschenkt. In schlechten Erfahrungen hat er mich beschützt. Deshalb kann ich ihm auch in Zukunft vertrauen.

Das scheint eine unsichere Sache zu sein. Denn wenn ich auf eine Frage antworte: »Ich glaube, dass es so ist«, dann ist das viel weniger, als wenn ich feststellen kann: »Ich weiß, dass es so ist«. Andere Sätze klingen wohl noch schwächer als die Glaubensaussage: »Ich vermute«, »ich ahne« oder gar »ich zweifle«.

Das sind freilich alles Aussagen, die Alltagsfragen betreffen. Dass es in diesem Augenblick so spät ist, kann ich glau-

ben, wissen, vermuten, ahnen, bezweifeln. In Alltagsange-
legenheiten bildet der Glaube eine Alternative zu anderen
Feststellungen von Gewissheit. In der Religion, im Verhältnis zu Gott, gehören alle diese Formulierungen in den Glauben hinein. »Ich glaube« – das heißt dann je nach der Lage,
in der ich mich befinde, je nach den Schwierigkeiten, mit
denen ich klar kommen muss: »Ich weiß, dass mein Erlöser
lebt« (Hiob 19, 25). Ich vermute, dass Gott mich damit prüfen will. Ich ahne, dass darin das Geheimnis meiner Berufung besteht. Ich zweifle an Gottes Barmherzigkeit und
schreie: »Warum hast du mich verlassen?«

Ich glaube im Leben. Deshalb ist mein Glaube lebendiger Glaube. Auch hier gilt:

> »Ich komme – und weiß nicht woher;
>
> Ich bin – und weiß nicht wer;
>
> Ich gehe – und weiß nicht wohin.
>
> Mich wundert, dass ich so fröhlich bin«.

Woher komme ich im Glauben?

Im Glauben geht es um jene Macht, die uns Menschen
geschaffen hat und von der Herrschaft des Bösen befreit.
Was ich von Anfang an erfahren und dann immer wieder
gesucht habe, findet in diesem Raum die Erfüllung. Gerade in Augenblicken, in denen ich von Sorgen eingeschnürt
bin, in denen der Boden unter mir schwankt und der Schutz,
den ich aufgebaut habe, um mich zusammenbricht, in denen
ich von anderen verachtet werde und mich ausgestoßen
fühle, kann ich dann sprechen:

»Der Herr ist mein Hirte, mir wird nichts mangeln. Er weidet mich auf einer grünen Aue und führet mich zum frischen Wasser. Er erquicket meine Seele. Er führet mich auf rechter Straße um seines Namens willen. Und ob ich schon wanderte im finstern Tal, fürchte ich kein Unglück; denn du bist bei mir, dein Stecken und Stab trösten mich. Du bereitest vor mir einen Tisch im Angesicht meiner Feinde. Du salbest mein Haupt mit Öl und schenkest mir voll ein. Gutes und Barmherzigkeit werden mir folgen mein Leben lang, und ich werde bleiben im Hause des Herrn immerdar«.

Der Psalm 23 aus dem Alten Testament ist deshalb für viele Menschen in ihrer Lebensgeschichte so wichtig, weil er auf die elementaren Erfahrungen und Enttäuschungen eingeht, die uns im Leben begleiten. Obwohl die bäuerlichen Verhältnisse, von denen hier die Rede ist, für die meisten vergangen sind, finden viele in diesen Worten ihr Gottvertrauen.

»Der Herr ist mein Hirte, mir wird nichts mangeln«. Gott ist eine Macht, die meine Sorgen begrenzt, weil er selbst mich behütet. Alles Not-Wendige wird er besorgen: Essen und Trinken, Kleidung und Wohnung. Eigentlich brauche ich ja nur »Habseligkeiten«, Dinge die mich erfreuen, weil sie für mich nicht selbstverständlich sind, die mich aber auch nicht so an sich binden, dass meine ewige Seligkeit dadurch gefährdet wird. Wenn ich habe, was ich benötige, kann ich danken. Wenn mir fehlt, was ich brauche, kann ich bitten und hoffen.

»Er führt mich auf rechter Straße«. Gott gibt mir Halt auf meinem Lebensweg. Stecken und Stab des guten Hirten sind zuverlässige Stützen und weisen mir in unklaren Situationen den richtigen Weg. Wenn ich mich zu verirren drohe, holt er mich zurück, wenn ich nicht weiter kann, spendet er Kraft. Wenn ich wichtige Menschen verloren habe, schenkt er Trost.

»Auch im finsteren Tal fürchte ich kein Unglück«. Gottes Schutz begleitet mich. Die Dunkelheit, in die ich geraten kann, kann schlimm sein, aber sie ist letztlich nicht furchtbar. Auch meine Feinde können nicht verhindern, dass ich irgendwie und irgendwann die erforderlichen Lebensmittel erhalte. Der gute Hirte ist ein freundlicher Wirt: »Er schenkt mir voll ein«.

Halt und Schutz im Leben gibt es nur mit Hilfe von Grenzen, die den Raum einer Herrschaft markieren. Das versuche ich selbst in Form von Selbstbeherrschung. Das versuchen andere mit mir durch Verbote. Letztlich sorgt für die Grenzen, die mein Leben bewahren, »der Herr«, der Gott, die Gottheit. »Ich werde bleiben in seinem Haus immerdar«. Was ich auch tue, was mit mir passiert – ich falle nicht aus seiner Welt, auch im Augenblick der Vernichtung falle ich nicht ins Nichts.

Darauf kann ich vertrauen. Denn Gott salbt »mein Haupt mit Öl«. In der alten Welt, aus der der Psalm stammt, ist die Salbung nicht nur ein Zeichen für Respekt und Achtung, sondern eine Handlung, die eine bestimmte Würde verleiht. Der Gast erhält auf diese Weise alle Rechte der Gastfreundschaft. Der König wird durch diese Aktion bei der Krönung in sein Amt eingeführt. Wer eine solche Weihe erhalten hat, dessen Würde ist in der Tat »unantastbar«.

Woher kommt ein solcher Glaube? Menschen finden in diesem Psalm auch und gerade in schweren Zeiten Stärke und Zuversicht für ihr Gottvertrauen. Der Psalm ist über 2500 Jahre alt und das Leben auch des modernen Menschen währt 70, 80, vielleicht sogar 90 Jahre. Wie kommen ein alter Text und ein kurzes Leben so zusammen, dass ein Mensch, jung oder alt, sagen kann: Ja, das ist wahr, das glaube ich?

Offensichtlich vermitteln gerade die allerfrühesten Phasen unseres Lebens Erfahrungen und Erwartungen, die sich im Psalm wiederfinden. Seine Worte gehen Menschen zu Herzen, weil sie lebenslang auf der Suche nach Versorgung, Halt, Schutz, Grenzen und Achtung sind. Sie sind Geschöpfe eines Gottes, der sie ins Leben gerufen hat und der sie im Leben immer wieder anruft. Das kann ganz verschieden geschehen: durch freundliche Mitmenschen, durch harte Prüfungen, durch schweres Leiden, durch unerwartetes Glück, aber eben auch durch gute, tröstliche Worte. Und wenn ich in wichtigen Augenblicken solche Worte höre, dann treffen und bewegen sie mich, dann weiß ich nicht nur etwas, dann ahne ich, dass mein Leben von weit her kommt und von weit oben bestimmt wird und weit in die Zukunft hineinreicht.

Woher komme ich im Glauben? Meine Lebenszeit ist begrenzt. Aber der Glaube, der mich trifft und berührt, ist nicht an mein Leben gebunden. Unzählige Menschen vor mir haben einen solchen Glaubenstext wie den Psalm 23 gesprochen, und unzählige Menschen nach mir werden das wieder tun. Mit meinem Glauben gerate ich in eine Geschichte, die mich mit anderen Zeiten und Menschen, mit anderen Kulturen und vielleicht auch mit anderen Religionen verbindet. Im Glauben entdecke ich, was mir kein reines Wissen vermitteln kann: Ich ahne das Geheimnis des Lebens.

Der Augenblick, in dem das passiert, ist etwas Besonderes. Ein Licht geht mir auf, eine Offenbarung passiert. Die

Bibel nennt die Kraft, die mich trifft, den Heiligen Geist. Dass persönliche Erfahrungen und alte Worte zusammenfinden, kann sich in einem längeren Prozess vollziehen. Oft merke ich gar nicht, dass ich auf eine Spur gerate, auf der mich blitzartige Erleuchtung erwartet. Ich kann vor dieser neuen Einsicht auch mehr oder weniger lange die Augen verschließen. Ich kann das, was mir widerfährt, mit dem Geist der Psychologie oder der Theologie oder der Soziologie zu erklären versuchen. Aber wenn er mich treffen soll, dann wird er mich irgendwann endgültig erwischen: der Geist Gottes, der Heilige Geist.

Deshalb können Menschen bis heute ihr Leben in alten Geschichten und Bekenntnissen wiederfinden. Mit ihren Erfahrungen und Erwartungen geraten sie in einen Raum, der auf den ersten Blick nur Worte enthält, in der Bibel, in Gebeten, auch im Gesangbuch. Aber diese Worte können einen ergreifen, und dann begreift man, dass sie wahr sind, weil sie die Wirklichkeit des eigenen Lebens treffen. Sie liefern keine beliebige Deutung des Lebens. Sie erschließen die Welt und alles, was in ihr geschieht. Sie werfen ein Licht auf das Leben, das Licht einer machtvollen Liebe, die keine Grenzen kennt. Sie verführen zum Glauben. Und man kann dann mit Paulus, der die ersten Christen gewalttätig verfolgt hat und der gewaltsam von Gott zum christlichen Glauben umgepolt worden ist, behaupten: »Wer will uns scheiden von der Liebe Gottes? Trübsal oder Angst oder Verfolgung oder Hunger oder Entbehrung oder Gefahr oder Schwert? wie geschrieben steht (Psalm 44,23): ›Um deinetwillen werden wir getötet den ganzen Tag; wir sind geachtet wie Schlachtschafe‹. Aber in dem allen überwinden wir weit durch den, der uns geliebt hat. Denn ich bin gewiss, dass

Ich glaube

weder Tod noch Leben, weder Engel noch Mächte noch Gewalten, weder Gegenwärtiges noch Zukünftiges, weder Hohes noch Tiefes noch irgendein anderes Geschöpf uns scheiden kann von der Liebe Gottes, die in Christus Jesus ist, unserm Herrn« (Römer 8,35ff).

Wer bin ich im Glauben?

»Die Zeit ist erfüllt, und das Reich Gottes ist herbeigekommen. Tut Buße und glaubt in dem Evangelium!« (Markus 1,15). Mit dieser Botschaft beginnt Jesus aus Nazareth sein Wirken in der Öffentlichkeit. Und seit zweitausend Jahren erreicht diese Botschaft immer wieder neu Menschen. Ihre Zeit ist gekommen. Ihre Stunde hat geschlagen. Die Herrschaft Gottes hat sie beschlagnahmt. Sie kehren um und geraten in einen neuen Raum. Sie leben im Glauben, sie leben im Evangelium. So steht es jedenfalls im griechischen Urtext. Glaube ist nicht Gegenstand eines frommen Bewusstseins. Menschen glauben nicht »an das Evangelium«. Unter dem Einfluss der göttlichen Kraft geraten sie in einen neuen Be-Reich. Sie beginnen ein neues Leben. Sie sind von der unheimlichen und unglaublichen Macht des Bösen befreit. »Ist jemand in Christus, so ist er eine neue Schöpfung; das Alte ist vergangen, siehe, ein Neues ist geworden« (2. Korinther 5,17).

Im Glauben bin ich ein neuer Mensch! Bin ich das wirklich? Manche gehen ins Kloster. Andere haben einen neuen Namen erhalten. Einige arbeiten in der Mission oder engagieren sich in der Entwicklungshilfe. Was ist neu in meinem Leben? Alt sind jedenfalls die Träume, die sich sehr schnell mit einem solchen Neuanfang verbinden. Es sind Träume von einem perfekten Menschen, von einem durch und durch heiligen Leben, von einem bewunderten Vorbild, von einer eindrucksvollen Überzeugungskraft. Der neue Mensch, der ich im Glauben werde, entspricht jedoch nicht einfach den Idealbildern, die der alte Mensch mit sich herumgeschleppt hat.

Alt ist auch jene Einstellung, die vor der eigenen Unveränderlichkeit kapituliert. Gute Vorsätze habe ich schon immer gefasst, aber ich habe immer auch Schwierigkeiten gehabt, sie zu verwirklichen. Im Vergleich mit anderen habe ich mich so oft minderwertig gefühlt, und immer noch muss ich ertragen, dass andere manches besser können und mehr Anerkennung erfahren. Die kleinen und großen Laster, mit denen ich immer gekämpft habe, verschwinden nicht einfach. Was kann das dann heißen, dass dieser alte Adam, diese alte Eva ein neuer Mensch geworden sein sollen?

Dass ich in meinem Leben glaube, dass ich mich im Raum des Evangeliums bewege, das entdecke ich nicht, wenn ich in den Spiegel schaue oder ein neues Passbild betrachte. Wenn das Reich Gottes in mein Leben einbricht und die Herrschaft Gottes mich packt, dann passiert etwas mit und in meinem Leib. Dann gewinnt ein Satz, den Ödön von Horvath leicht ironisch gemeint hat, in mir seine Wahrheit: »Eigentlich bin ich ganz anders, ich komme nur so selten dazu«.

Paulus beschreibt die Bewegung, die im Glauben entsteht, folgendermaßen: »Wenn du mit deinem Mund bekennst, dass Jesus der Herr ist, und in deinem Herzen glaubst, dass ihn Gott von den Toten auferweckt hat, dann wirst du gerettet werden. Denn wenn man von Herzen glaubt, so wird man gerecht; und wenn man mit dem Mund bekennt, so wird man gerettet« (Römer 10,9f). Im neuen Menschen beginnt ein

Prozess, der vom Mund in das Herz und vom Herzen wieder zum Mund geht. Der Mund spricht das Bekenntnis, dass Jesus der Herr ist über die ganze Welt. Das Herz glaubt die Botschaft, dass Jesus von den Toten auferweckt ist. Weil das Herz glaubt, was Gott an Jesus getan hat, gibt der Mund Gott Recht und wird der Mensch vor Gott gerecht. Und wenn der Mund bekennt, dass Jesu der Herr ist, wird der Mensch gerettet aus der Macht aller anderen irdischen und himmlischen Mächte. Im Kreislauf zwischen Mund und Herz fließt eine sprachliche Kraft, die neu ist in der alten Welt, die neu ist im alten Menschen und die diesen Menschen neu macht vor Gott und der Welt. Paulus kann im Blick auf diese neue Lebensbewegung sogar behaupten: »Nun lebe nicht mehr ich, sondern Christus lebt in mir« (Galater 2,20).

In diesem Kreislauf zwischen Mund und Herz, Herz und Mund bewegt sich der Glaube, der mich erfasst, lebenslang. Mund und Herz stimmen nicht immer überein. Was im Alltag über meine Lippen kommt, kann dem Bekenntnis der Liebe Gottes widersprechen. Wenn ich am Sonntag das Glaubensbekenntnis im Gottesdienst mitzusprechen versuche, dann bin ich manchmal nur halbherzig dabei. Und einzelne Aussagen lasse ich aus, weil ich sie beim besten Willen mit meinem Weltbild nicht vereinbaren kann.

Der Glaube, der mich bewegt, wird nie ein »englischer« Glaube sein, ein Glaube, wie ihn himmlische Wesen mit ihrem Lobgesang unaufhörlich artikulieren. Ich bin ein Mensch aus Fleisch und Blut. Ich werde immer nur Ausschnitte der göttlichen Heilsgeschichte entdecken, immer nur einzelne Texte der Bibel verstehen. Und im Lauf meines Lebens werden mir immer nur einzelne Formulierungen des Bekenntnisses besonders wichtig sein. Jahrelang hat mich vielleicht Jesu Engagement für die Armen und »Gottlosen« seiner Zeit begeistert. Dann habe ich die Wunder der Schöpfung entdeckt, die wir Menschen zu zerstören drohen. Und irgendwann kann ich die vielfältigen Träume wahrnehmen, in denen sich die Kraft des göttlichen Geistes unter den Menschen zeigt. Jeder und jede von uns hat eine persönliche Glaubensgeschichte, eine persönliche Bekenntnisgeschichte, natürlich auch eine persönliche Geschichte mit Kleinglauben und Unglauben. Das ist so und darf so sein. »Wir haben diesen Schatz – in irdenen Gefäßen« (2. Korinther 4,7).

Weil der Glaube immer in einem einzelnen Menschen wohnt, weil er von dessen Lebensgeschichte und dessen Charakter geprägt ist, kann man, etwa bei besonderen Ereignissen, durchaus ein persönliches Glaubensbekenntnis zu formulieren versuchen. Erwachsene vor ihrer Taufe, Jugendliche bei ihrer Konfirmation, Eheleute aus Anlass ihrer Trauung versuchen dann in Worte zu fassen, was von ihren eigenen Erfahrungen her und im Anschluss an die biblische und kirchliche Tradition aus dem Herzen kommt und die Lippen bewegt.

Das kann eine Entlastung bedeuten, weil man in einem solchen Bekenntnis beschwerliche und unverständliche Sätze nicht aufnehmen muss. Es kann auch hilfreich sein, die verschwommenen Gedanken und gemischten Gefühle, die man dem Göttlichen gegenüber auf dem Herzen hat, dadurch zu klären, dass man sie in eine geordnete Rede fasst. Aber natürlich sind solche persönlichen Glaubensbekenntnisse immer nur Momentaufnahmen. Sie fassen im Idealfall mein bisheriges Leben und meine jetzige Glaubenserfahrung zusammen. Aber mich kann alsbald eine schreckliche Nachricht erreichen, furchtbare Bilder im Fernsehen verunsichern mich, oder ein Glück kann mich, so überwältigen, dass ich alles vergesse, was mein Leben bis hierher bestimmt hat.

Die alten kirchlichen Glaubensbekenntnisse wollen mehr sein als die Momentaufnahme einer persönlichen Einstellung Gott gegenüber. Sie wollen das zusammenfassen, was »semper et ubique«, was immer und überall den christlichen Glauben ausmacht. Sie erwarten nicht, dass man jeden Augenblick in allen Lebenslagen jeden Satz gleich laut mitspricht. Sie enthalten, wie wir am Beispiel des so genannten Apostolischen Glaubensbekenntnisses sehen werden, Aussagen, die schwer zu verstehen sind, weil sie mit unserem modernen Weltbild nicht übereinstimmen. Sie sind teilweise geprägt von theologischen Einsichten, die man erst nach langen Streitigkeiten deutlich erkannt hat. Sie kommen nicht unbedingt aus meinem Herzen. Aber wenn ich sie mit dem Mund bekenne, kann in meinem Herzen etwas geschehen. Ich kann dabei entdecken, dass mich diese fremden und teilweise auch befremdlichen Worte mit allen Christen und Christinnen verbinden, die vor mir gelebt haben und nach mir leben werden. Wenn ich ein altes Glaubensbekenntnis spreche, manchmal entschlossen, manchmal sehr zögerlich, gehöre ich in eine Gemeinschaft, die Länder und Zeiten umspannt.

Wer bin ich im Glauben? Ein Mensch mit guten und schlimmen Erfahrungen, mit guten und schlechten Eigenschaften, mit stärkerem oder schwächerem Gottvertrauen. Weil mich der Geist des heiligen Gottes getroffen hat, bin ich selbst zu einem Heiligen geworden, voller Widersprüche, voller Merkwürdigkeiten, aber trotz allem: von Gott gerufen, zu Gott gehörig. »Keiner von uns lebt für sich selbst, und keiner stirbt für sich selbst. Leben wir, so leben wir dem Herrn; sterben wir, so sterben wir dem Herrn. Darum, ob wir nun leben oder sterben, gehören wir dem Herrn« (Römer 14,7f). Unter der Herrschaft dieses Herrn werden die großen Spannungen, die mein Leben durchziehen, sehr relativ. Das Glück ist wunderbar, das Leid ist erträglich, auch wenn beide, das Leid wie das Glück, auf die Dauer kaum auszuhalten sind. Manchmal fühle ich mich von allen verlassen, manchmal möchte ich endlich allein sein. Gott ist immer in meiner Nähe. Ob ich mir großartig vorkomme oder wie der letzte Dreck – der Geist Gottes verlässt mich nicht.

Im Streit mit der Gemeinde in Korinth geht der Apostel Paulus noch einen Schritt weiter. Gegen alle Erwartungen, die sich dort auf einen richtigen Apostel, einen starken Prediger, einen großen Wundertäter beziehen, behauptet er: »Wenn ich schwach bin, dann bin ich stark« (2. Korinther 12,10). Paulus hat an einer schweren Krankheit gelitten und nach seiner Bekehrung von der Kraft, die ihn im Evangelium getroffen hat, Heilung erwartet. Dreimal hat er zu dem Herrn, der ihn auf dem Weg nach Damaskus überwältigt hat, um Befreiung von dieser Krankheit gefleht. »Aber er hat zu mir gesagt: Lass dir an meiner Gnade genügen; denn meine Kraft ist in den Schwachen mächtig« (2. Korinther 12,9).

Wer bin ich im Glauben? Ein neuer Mensch, in vieler Hinsicht verändert, aber immer noch an altes Leiden gebunden. Für Paulus ist das ein Lernprogramm gewesen. Ich muss auch im Glauben leiden, damit ich nicht vergesse, was Gnade ist. Sonst werde ich innerlich hochmütig und im Kontakt mit anderen überheblich. Meine Schwachheit, in welcher Form auch immer, leiblich, seelisch, geistlich, spirituell, meine Schwachheit sorgt dafür, dass ich nicht meinen Allmachtswünschen und meinem Unsterblichkeitswahn verfalle. Jeder Streit erinnert mich daran, wie viel Unfriede in mir steckt. Jede Angst weist darauf hin, dass auch mein neues Leben bedroht ist. Jeder Schmerz zeigt, dass mein Leib verwundbar ist. Jede Krankheit macht darauf aufmerksam, dass ich auf dieser Erde nicht ewig leben werde. Das alles darf und muss sein. Weil es mich dazu zwingt, immer wieder zu rufen: »Herr, erbarme dich!«

Wohin gehe ich im Glauben?

Ich gehe meinen Weg, so gut und so lange ich kann. Aber dieser Weg ist in vielfacher Hinsicht vorbestimmt. In mir wirkt ein biologisches Programm, das mich von einem Säugling zu einem Kind, von einem Kind zu einem Jugendlichen, von einem Jugendlichen zu einem Erwachsenen, von einem Erwachsenen zu einem alten Menschen macht. Im Lauf des Lebens muss ich immer wieder Neues lernen und mit allen möglichen Krisenerfahrungen klarkommen. Wenn ich Glück habe, führt mich mein Lebenslauf in eine Laufbahn, als Beamter, im Betrieb, in der Wirtschaft. Nachdem ich aus der Familie meiner Kindheit herausgewachsen bin, kann ich irgendwann eine eigene Familie gründen, mit einem Menschen, dem ich zutraue, dass wir miteinander gemeinsam das Leben bestehen werden. Aber trotz aller Unterschiede, die es durch Herkunft, durch Bildung, Beruf und Einkommen gibt – mein Leben verläuft so, wie das Leben fast aller Menschen, von einem Anfang bis zu einem Ende, mit Augenblicken des Glücks und Augenblicken des Leids.

Sehr melancholisch und auch sehr drastisch lässt W. Shakespeare in der Komödie »Wie es Euch gefällt« einen weisen Edelmann die Geschichte vom Wachstum und vom Verfall jedes Menschen beschreiben:

»Die ganze Welt ist Bühne
Und alle Frauen und Männer bloße Spieler.
Sie treten auf und gehen wieder ab.
Sein Leben lang spielt einer manche Rolle
Durch sieben Akte hin.
Zuerst das Kind,
Das in der Wärterin Armen greint und sprudelt;
Der weinerliche Bube, der mit Bündel
Und glattem Morgenantlitz wie die Schnecke
Ungern zur Schule kriecht; dann der Verliebte,
Der wie ein Ofen seufzt, mit Jammerlied
Auf seiner liebsten Braun; dann der Soldat,
Voll toller Flüch' und wie ein Pardel bärtig,
Auf Ehre eifersüchtig, schnell zu Händeln,
Bis in die Mündung der Kanone suchend
Die Seifenblase Ruhm. Dann der Richter,
Im runden Bauche, mit Kapaun gestopft,
mit strengem Blick und regelrechtem Bart,
Voll abgedroschener Beispiel', weiser Sprüche,
Spielt seine Rolle so. Das sechste Alter
Macht den besockten hagern Pantalon,
Brill' auf der Nase, Beutel an der Seite;
Die jugendliche Hose, wohl geschont,
'ne Welt zu weit für die verschrumpften Lenden;
Die tiefe Männerstimme, umgewandelt
Zum kindischen Diskante, pfeift und quäkt
In einem Ton. Der letzte Akt, mit dem
Die seltsam wechselnde Geschichte schließt,
Ist zweite Kindheit, gänzliches Vergessen,
Ohn' Augen, ohne Zahn, Geschmack und alles«.

So ist das Leben, auch wenn es uns nicht immer gefällt. Als Kind hat man Träume. Die Jugend ist voller Hoffnungen und Erwartungen. Als Erwachsener wird man zunehmend nüchtern. Und im Alter sind manche enttäuscht und manche trotz allem zufrieden. So ist das Leben, auch bei denen, die in den Raum des Glaubens geraten sind.

Paulus hält diesem Modell von Aufstieg und Abstieg einen anderen Lebenslauf entgegen. Im Brief an die Gemeinde in Philippi zitiert er ein urchristliches Lied, das von Abstieg und Aufstieg redet (Philipper 2,5ff; von V. 6 an Übersetzung U. Wilckens):

Seid untereinander so eingestellt, wie auch in Christus Jesus.
»Er, der in göttlichem Dasein lebte, hat es nicht wie eine Beute angesehen,
Gott gleich zu sein,
sondern hat sich dessen entblößt,
um in ein Sklavendasein einzutreten,
so wie es die Menschen leben, ihnen gleich.
Unter den Bedingungen menschlichen Lebens war er zu finden und hat sich selbst erniedrigt,
gehorsam bis zum Tode,
zum Tode am Kreuz.
Darum hat Gott ihn zur höchsten Höhe erhoben
und ihm den Namen verliehen,
der über alle Namen Macht hat;
Und wo der Name Jesu ausgerufen wird,
da sollen sich die Knie beugen
aller himmlischen, irdischen und unterirdischen Mächte,
und jeder Mensch in das Bekenntnis einstimmen,
Jesus Christus ist der Herr,
Gott, dem Vater, zu Preis«.

Im Glauben werden Menschen nicht nur von dem biologischen Programm, von den psychologischen Entwicklungsgesetzen, von den gesellschaftlichen Karrieremustern bestimmt, sondern auch und vor allem von jenem Weg, den Jesus Christus gegangen ist und auf den wir uns einstellen dürfen. Er ist der »Vorgänger« für die Glaubenden, nicht nur auf dem Weg in die Gotteswelt (Hebräer 6,20), sondern auch hinab in die Tiefen des Lebens.

Der Lebensweg Jesu Christi beginnt ganz oben, »in göttlichem Dasein«. Was das über unsere eigene Herkunft sagt, werden wir zu bedenken haben, wenn von Weihnachten die Rede ist. Er jedenfalls hat seine Machtposition nicht als eine Beute betrachtet, die man auf jeden Fall festhalten und verteidigen muss. Er ist in seiner göttlichen Macht so frei gewesen, dass er gehorsam sein konnte. In unserer Angst, uns selbst zu verlieren, können wir Freiheit und Gehorsam meist nur als Gegensätze betrachten. Aber er hat den Ruf zum Weg in das menschliche »Sklavendasein« gehört und hat diesem Beruf gehorcht. Seine Macht war offensichtlich so groß, dass er sich der äußersten Ohnmacht, dass er sich dem Tod, ja der Hinrichtung aussetzen konnte.

Wohin gehe ich im Glauben? Wenn die Geschichte Jesu Christi stimmt, dann bleibt auch mir dieser Weg nach unten nicht erspart. Es wird nicht immer Verfolgung, Folter und Vernichtung sein, die mir drohen. Es gibt andere Widerfahrnisse, die schlimm und schrecklich genug sind. Man muss und man kann im Einzelnen gar nicht aufzählen, in welche bedrohliche Lebenslage Menschen geraten. Im Glauben kann ich gewiss sein: Kein Sperling fällt auf die Erde ohne den Willen Gottes (Matthäus 10,29). Und jedes Haar auf meinem Kopf ist gezählt (Lukas 12,7). Auch Jesus hat »in seinem Erdenleben Bitten und Flehen unter lautem Geschrei und Tränen vor den gebracht, der ihn vom Tod erretten konnte« (Hebräer 5,7). Und er ist erhört worden, auch wenn er zunächst einmal das Sterben erleiden musste.

Der Weg nach unten ist erträglich, weil er manchmal aussichtslos, aber niemals wirklich Gott-los sein wird, trotz aller Verzweiflung, trotz manchen Fluchens. Im Blick auf Karrieren in Wirtschaft, Politik und Wissenschaft gibt es das so genannte »Peter-Prinzip«. Danach steigt man so lange in seiner beruflichen Laufbahn auf, bis man die Stufe der eigenen Unfähigkeit erreicht hat. Am Anfang ist man gut und bleibt gut von Beförderung zu Beförderung. Aber irgendwann gerät man in eine Position, in der man nicht mehr gut sein kann, weil man hier überfordert ist. Das gilt im gesellschaftlichen Leben für den Aufstieg nach oben. Vielleicht gibt es im Glaubensleben eine ähnliche Bewegung für den Abstieg nach unten. Man muss so lange leiden und Gehorsam lernen, bis man auch hier die Ebene der eigenen Unfähigkeit erreicht. Das kann ich dann nicht mehr ertragen, das überfordert mich. Und dann kann ich nur noch kapitulieren. »Mein Gott, mein Gott, warum hast du mich verlassen?« (Psalm 22,2; in der Jesusgeschichte Markus 15,34).

Für den, der ganz unten gelandet ist, beginnt »nach drei Tagen« oder irgendwann der Aufstieg nach oben. »Darum hat Gott ihn erhöht«, weil er auch in der Stunde äußerster Einsamkeit und Verzweiflung nach Gott geschrieen hat. So ist er zum Vorbild nicht nur für den Weg in die Tiefe, sondern auch zum »Vorgänger« in die Welt Gottes geworden. Alle Machthaber, die die Erde und die Himmel beherrschen, beten den »Kyrios Jesus« nun an. Das urchristliche Lied denkt dabei ganz selbstverständlich auch an die Dämonen, die normalerweise den Zugang zu Gott versperren. Vor der Macht dieses Namens können sie nur in die Knie sinken. Das kann auf den ersten Blick wie ein riesiges Himmelsspektakel wirken. Aber das Bild enthält eine tröstliche Botschaft. Dieser Name ist eine Macht. Das Bekenntnis »Kyrios Jesus« ist eine Parole. Wer diesen Namen im Herzen trägt und mit dem Mund bekennt, dem kann nichts und niemand endgültig schaden. Keine Macht, so unheimlich und unglaublich sie ihm auch vorkommen mag, wird ihn aufhalten können. Wonach ein Mensch sich lebenslang sehnt, das wird hier Wirklichkeit: Der Weg ist frei, der Weg führt zu Gott.

II.

Leben im Glauben

Der Glaube, der in das Leben gerät, führt zu einem Leben im Glauben. Wen der Geist Gottes ergreift, der entdeckt eine neue Welt. Obwohl auf den ersten Blick alles bekannt ist. Die Feste hat man schon immer gefeiert. Die Gebote hat man schon früh gelernt. Manchmal hat man auch das Glaubensbekenntnis gesprochen und es mit dem Vaterunser versucht. Und auch die wichtigsten Rituale, die zur Welt des Glaubens gehören, hat man mehr oder weniger oft miterlebt.

Man kann sich jahrelang in der Welt des Glaubens bewegen, ohne von der Kraft des Glaubens erfasst zu werden. Aber irgendwo, irgendwann schlägt es ein. Man reagiert aufgeregt oder gelassen, erschrocken oder getröstet. Ein alter Satz, etwa mein Konfirmationsspruch, fällt mir ein und beginnt, mir etwas zu sagen. Ein Lied, das ich noch nie oder schon immer gesungen habe, rührt mich auf einmal tief an. Ein Sonnenuntergang ergreift mich, diese kleine Person im unendlichen Universum. Das Happyend eines Filmes lässt mich weinen. Ich beginne zu ahnen, dass das Leben nicht nur aus Ereignissen und Beziehungen besteht. Es waltet darin eine unendliche Macht.

Das Leben im Glauben öffnet eine Welt, in der es Geheimnisse gibt. Nicht nur Informationen, die ich mit meinem Verstand noch nicht begriffen habe. Und auch nicht nur Rätsel, die die Wissenschaft noch nicht aufgelöst hat. Das Leben steckt voller Geheimnisse. Ich bin selbst ein Geheimnis. Und im Glauben geht mir auf, erst plötzlich und dann allmählich, wer das Geheimnis aller Geheimnisse ist.

Es gehört zur Eigenart der christlichen Religion, dass sie ihre Geheimnisse von Anfang an offen publiziert hat. Selbst die heiligsten Traditionen wie das Herrengebet und die Einsetzungworte der Sakramente wurden nicht nur, wie in einem Mysterienverein, von Mund zu Mund weitergegeben, sonderen in schriftlicher Form festgehalten und damit in die Öffentlichkeit getragen. Ein solches Verfahren wirkt noch heute so ungewöhnlich, dass immer wieder Vermutungen auftauchen, es müssten irgendwo in der Nähe Jerusalems oder in den Verliesen des Vatikans noch Geheimdokumente lagern, die nur wenigen Auserwählten zugänglich sind. Die ersten Christen gingen in die Öffentlichkeit, weil sie der festen Überzeugung waren, dass die Geheimnisse des Glaubens alle Menschen angehen. Bis heute stecken in dieser Entscheidung erhebliche Risiken, weil nun jedermann von außen, von oben herab, den Glauben mit den eigenen Maßstäben und Methoden analysieren und kritisieren, belächeln und lästern kann. Solche »offenen« Geheimnisse scheinen schwach zu sein, sind sie doch dem Urteil aller möglichen Menschen und aller gängigen Meinungen wehrlos ausgesetzt. In Wirklichkeit steckt in der Veröffentlichung der Glaubensinhalte das Vertrauen, dass der Glaube von keiner irdischen Instanz verteidigt und durch keine publizistische Strategie geschützt werden muss. Die Geheimnisse Gottes, die im Glauben zur Sprache kommen, setzen sich durch, weil sie zu jedem menschlichen Leben gehören.

Mein Leben ist ein Weg, vom Anfang zum Ende, vom Geheimnis meiner Geburt bis zum Geheimnis meines Sterbens. Diesen Weg gehe ich mit anderen Menschen jedes Jahr einmal von Weihnachten bis zum Totensonntag. Ja, dieser Weg gestaltet auch, mehr oder weniger deutlich, meinen Tagesablauf. Ich wache auf aus dem Schlaf und ver-

Leben im Glauben

sinke wieder in Schlaf. Das Leben im Glauben erschließt von Gott her, der vor allem war und nach allem sein wird, alles, was ist.

Das Geheimnis der Geburt ist die Freiheit.
Das Geheimnis des Lebens ist das Sterben.
Das Geheimnis der Vereinigung ist die Selbstvergessenheit.
Das Geheimnis des Gerichts ist die Gnade.

1. Das Geheimnis der Geburt

Das Fest: Weihnachten

In unserer Gesellschaft ist Weihnachten das Fest aller Feste. Niemand kann sich seinem Einfluss entziehen. Christen, Juden und Muslime, Atheisten und Agnostiker werden von einem Geschehen erfasst, das ihr Leben für einige Tage erheblich verändert. Sie erhalten Urlaub. Sie werden auf der Straße von Lichterketten erleuchtet. Und in vielen Geschäften hören sie immer wieder die gleichen Melodien. Niemand kann Weihnachten nicht begehen. Selbst wer sich zu Hause verdrückt, muss damit rechnen, dass er in Zeitungen, Radio und Fernsehen den Symbolen des Festes begegnet. Was wird hier gefeiert?

Auf jeden Fall geht es um Licht. In den dunkelsten Tagen des Jahres sind die Straßen besonders beleuchtet. Schon vier Wochen vorher werden, allmählich immer mehr, Kerzen entzündet. Und am Heiligen Abend findet man in vielen Wohnungen einen strahlenden Baum. Das könnte, während der Wintersonnenwende, ein Zeichen der Hoffnung sein. Auf die Finsternis, die in den letzten Wochen gestiegen ist, folgt nun wieder die zunehmende Wärme- und Leuchtkraft der Sonne. Nicht zufällig beginnt nach den Feiertagen ein neues Jahr.

Aber zu Weihnachten gehört nicht nur das Licht in der Natur. Es zeigt sich in diesen Tagen auch die Sehnsucht nach Frieden zwischen den Menschen. Die politischen Auseinandersetzungen verstummen. Aus den Fernsehprogrammen verschwinden brutale Filme, in früheren Jahren sogar alle sportlichen Wettkämpfe. Auch in den Häusern vermeidet man nach Möglichkeit Streit. Und viele, die sich in letzter Zeit aus dem Weg gegangen sind, suchen nach einer Gelegenheit zur Verständigung. Weihnachten ist auch deswegen manchmal so schwierig, weil man sich eigentlich nicht offen die Meinung sagen kann. Der Friede, der nun für einige Tage in der Gesellschaft herrscht, soll auch das Familienleben bestimmen. Deshalb beschenken Menschen einander. Und falls Eltern und die erwachsenen Kinder nicht mehr unter einem Dach wohnen, besuchen sie sich im Lauf der Feiertage. Das Licht des Festes schafft freilich auch beschwerliche Klärungen. Eltern leiden, wenn die Kinder zum ersten Mal nicht mehr zu Hause feiern. Und in Beziehungskrisen müssen manche entscheiden, ob sie die Tage noch mit dem alten oder schon mit dem neuen Partner verbringen. Auf jeden Fall zeigt sich dann, wer noch oder wer neu zusammengehört.

Wie stark diese Sehnsucht nach Frieden Menschen bewegt, hat sich 1914 während des Ersten Weltkriegs gezeigt. Am Heiligen Abend begannen damals Soldaten in ihren Schützengräben Weihnachtslieder zu singen. Als klar war, dass das kein Trick war, um den Feind besser abschießen zu können, sind sie aufeinander zugegangen, haben Geschenke ausgetauscht und sogar ein Fußballspiel organisiert. Nach dem Fest ging die mörderische Auseinandersetzung zwischen Franzosen, Engländern und Deutschen dann freilich weiter – die Friedenssehnsucht allein reichte nicht, viel Blut musste noch fließen, bis verfeindete Völker in Europa zur Vernunft gekommen sind.

Zu Weihnachten wird ein neuer Anfang gemacht, immer wieder. Mit mehr oder weniger Hoffnung für die Zukunft blicken Menschen in diesen Tagen auf ihre Vergangenheit

Das Geheimnis der Geburt

zurück. Der Weihnachtsbaum hat schon in der Kindheit geleuchtet, und auf das Glück der unerwarteten Geschenke hat man sich schon damals gefreut. Manchmal beginnen dann Menschen von einem Kind zu singen, das in einem Stall geboren wurde und in einer Krippe gelegen hat. Weihnachten ist auch das Fest der Geburt. Und in den Stunden der Heiligen Nacht ist nicht eindeutig klar, welche Geburt hier begangen wird: das neue Jahr, der eigene Lebensbeginn, die Ankunft der eigenen Kinder.

Weil sich zu Weihnachten so viele Erinnerungen an kindliches Glück und so viel Hoffnung auf künftigen Frieden einstellen, ist dieses Fest für viele Zeitgenossen so unerträglich. Einsame wünschen sich einen liebenden Menschen. Obdachlose träumen von einer eigenen Wohnung. Verzweifelte wollen ein anderes Leben – und machen deshalb manchmal ihrem Leben ein Ende.

Die biblische Geburtsgeschichte erzählt auch eine Mordgeschichte, die in der Besinnlichkeit und dem Trubel der Feiertage meist übersehen wird. Der König Herodes will den Säugling, der seine Macht bedrohen könnte, sofort beseitigen und lässt alle Jungen unter zwei Jahren in der Gegend von Bethlehem töten (Matthäus 2,16). Mit der Geburt dieses einen Kindes beginnt ein Kampf um die Macht, der Leben kostet. Zunächst sterben stellvertretend für Jesus, dessen Eltern mit ihm nach Ägypten geflohen sind, zahlreiche Altersgenossen. Später muss er selber dran glauben. Und durch die Jahrhunderte hin haben Christ/innen immer wieder um ihres Glaubens willen gelitten. Ja, etwas von diesem Kindermord ereignet sich, unvermeidlich (?), in jeder Lebensgeschichte. Man kann das entdecken, wenn man die strahlenden Augen des Anfangs mit den, manchmal erschrockenen, manchmal tief verängstigen Gesichtern von Kindern in den späteren Jahren vergleicht. Das Staunen über die Schönheit des Lebens, das Vertrauen in den Schutz durch die guten Eltern hat durch harte Erfahrungen abgenommen.

Die Bedrohung, die zu diesem Fest gehört, haben die meisten schon in ihrer Kindheit erfahren. Durch die Wochen davor geistern bis heute unheimliche Gestalten, alte Männer zumeist, die zunächst Ängste auslösen: Nikolaus mit dem weißen Bart auf dem hohen Ross, Knecht Ruprecht mit der Rute, der Weihnachtsmann mit dem großen Sack, in den er Kinder hineinstecken kann. Aber die Augenblicke des Schreckens hören auch wieder auf. Nach einer kleinen Prüfung, in der man ein Gedicht aufsagt, und nach der elterlichen Versicherung, dass man eigentlich ganz brav gewesen ist, verteilen die bedrohlichen Gestalten ihre Geschenke. Und alle Angst verfliegt zu Gunsten der Freude. Ganz ohne bedrohliche Augenblicke wird dann das Christkind erlebt, das am Heiligen Abend Geschenke verteilt und Geschenke erhält. Wer damit gemeint ist, um wessen Geburt es eigentlich geht, verrät die Weihnachtsgeschichte, die in den Kirchen verlesen und oft auch von Kindern gespielt wird.

»Es begab sich aber zu der Zeit, dass ein Befehl von dem Kaiser Augustus ausging, alle Welt sollte sich für die Steuer eintragen lassen. Diese Eintragung war die erste, und sie geschah zur Zeit, als Quirinius Statthalter in Syrien war. Und alle gingen hin, um sich eintragen zu lassen, jeder in seine Stadt. Da ging auch Joseph aus Galiläa aus der Stadt Nazareth nach Judäa hinauf zur Stadt Davids, die Bethlehem heißt, weil er aus dem Haus und Geschlechts Davids war, um sich eintragen zu lassen mit Maria, seiner Braut; die war schwanger. Als sie aber

Das Geheimnis der Geburt

dort waren, kam die Zeit, dass die gebären sollte. Und sie gebar ihren ersten Sohn, wickelte ihn in Windeln und legte ihn in eine Krippe; denn sie hatten sonst keinen Platz in der Herberge. Es waren aber Hirten in derselben Gegend auf dem Felde, die hüteten nachts ihre Herde. Und der Engel des Herrn trat zu ihnen, und die Klarheit des Herrn umleuchtete sie; sie fürchteten sich sehr. Der Engel sprach zu ihnen: ›Fürchtet euch nicht! Siehe, ich verkündige euch große Freude, die dem ganzen Volk widerfahren wird; denn euch ist heute in der Stadt Davids der Heiland geboren; das ist Christus, der Herr. Und das nehmt zum Zeichen: ihr werdet ein Kind finden in Windeln gewickelt und in einer Krippe liegen‹. Und plötzlich war bei dem Engel die Menge der himmlischen Heerscharen, die lobten Gott und sprachen: ›Ehre sei Gott in der Höhe und Friede auf Erden bei den Menschen seines Wohlgefallens‹« (Lukas 2,1ff).

Wer die Weihnachtsgeschichte hört oder liest, dem öffnet sich das Geheimnis der Geburt in dreifacher Hinsicht.

Vor fast zweitausend Jahren wurde am Rand des römischen Imperiums ein Kind geboren, dessen Leben und Sterben die Weltgeschichte verändert hat und die Menschheit retten soll. Von den Millionen und Milliarden Menschen, die im Lauf der Jahrtausende zur Welt gekommen sind, wird diese eine Geburt bei uns bis heute gefeiert. Der göttliche Glanz, die himmlischen Klänge, die den Stall in Bethlehem umgeben und überfüllt haben sollen, ziehen bis heute in Häuser ein. Licht scheint in der Dunkelheit. Wärme vertreibt die Kälte. Ein Kind ist geboren – mich wundert nicht, dass ich fröhlich bin.

Vor einigen Jahren, das liegt mehr oder weniger weit zurück, wurde auch ich geboren. Inzwischen habe ich so oder so gelebt und dies und jenes getan. Ich fühle mich manchmal stark wie ein Erwachsener, manchmal schwach wie ein Kind. In mir wirkt immer noch nach die Wärme des Mutterleibs und der Glanz in den Augen der Eltern. Ich bin zur Welt gekommen. Und am Heiligen Abend wird mir fast immer klar: Das Leben ist schön. Mich wundert nicht, dass ich fröhlich bin.

Mit der Geburt hat meine Lebensgeschichte begonnen, und diese Geschichte besteht aus einer Mischung von Freiheit und Abhängigkeit. Wer aus dem Mutterleib in die Welt geworfen ist, hat ein Stück Freiheit gewonnen, aber er bleibt lebenslang angewiesen auf die direkte und indirekte Begleitung durch andere. Auch wenn man sich aus dem Gehorsam gegenüber den Eltern allmählich und unter Kämpfen gelöst hat, wird man weiterhin gesellschaftlichen Normen, privaten Konventionen, Gruppenregeln, beruflichen Standards folgen. Die Gesetze des Lebens bestimmen uns, so oder so. Ich nehme mehr oder weniger Rücksicht auf andere. Ich werde von Moden beeinflusst, von Ideologien, von Werbekampagnen, die mir ein glückliches Leben versprechen. Von all diesen offenkundigen, meist aber verborgenen Abhängigkeiten werde ich erst frei, wenn mich irgendwann in meinem Lebenslauf der Satz trifft: »Man muss Gott mehr gehorchen als den Menschen« (Apostelgeschichte 5,29).

Dann werde ich mit der Lebensgeschichte jenes Kindes verbunden, dessen Geburt zu Weihnachten gefeiert wird und dessen Weg durch alle Abhängigkeiten in die »herrliche Freiheit der Kinder Gottes« (Römer 8,21) führt. Das Kind von Bethlehem zieht aus dem Stall in mein Herz. Alle Furcht verschwindet. Friede kehrt ein. Und die große Freude erfüllt mich, die zum Geheimnis des Lebens gehört. Weihnachten ist jener Geburtstag, der mich, im Unterschied zu meinem persönlichen Geburtstermin, mit allen anderen Menschen verbindet. In den Liedern besingt die Seele die Erfahrung der Gottesgeburt noch immer: »Christ, der Retter ist da«.

»Siehe, siehe, meine Seele,
wie dein Heiland kommt zu dir,
brennt in Liebe für und für,
dass er in der Krippen Höhle
harte lieget dir zugut,
dich zu lösen durch sein Blut.
Freude, Freude über Freude:
Christus wehret allem Leide.
Wonne, Wonne über Wonne:
Christus ist die Gnadensonne« (EG 34,2).

Das Gebot: Der einzige Gott

Der Engelsgesang, der in der Weihnachtsgeschichte die Sphären erfüllt, lautet in wörtlicher Übersetzung: »Ehre in der Höhe dem Gott und auf der Erde Friede den Menschen des Wohlgefallens«. Das ist mehr als ein frommer Wunsch, von dem man nicht weiß, wie er Wirklichkeit werden soll. Wer diese englischen Worte aufnimmt und mit ihnen singt, der breitet das aus, was sie sagen: Die Ehre Gottes wird auch auf der Erde gelobt, und der Friede des göttlichen Segens ergreift auch mein Herz. Dann wird Wirklichkeit, was jedem Menschen von der Stunde seiner Geburt an geboten ist: »Ich bin der Herr, dein Gott. ... Du sollst nicht andere Götter haben neben mir« (2. Mose 20,2).

Menschen hungern ihr ganzes Leben lang nach Anerkennung. Der Säugling schreit, weil er Zuwendung braucht.

Kinder strengen sich an, um Bewunderung zu finden. Mit Kleidung, Haartracht und Schmuck wollen Jugendliche und Erwachsene Aufmerksamkeit erregen. In jedem Augenblick sind Menschen so oder so mit Imagepflege beschäftigt. Wir suchen Ehre, Anerkennung, Liebe.

Dagegen setzt das erste Gebot: »Ehre, wem Ehre gebührt«. Denk nicht an dich, sondern danke dem, der alles gegeben hat, was zu deinem Leben gehört. Die Ehre, die ihm gebührt, übertrifft deshalb alles, was Menschen an Wertschätzung und Anerkennung verlangen können. Den Eltern verdankt man sehr viel, im Guten und manchmal auch im weniger Guten. Lehrerinnen und Pfarrer, Kollegen und Vorgesetzte, Staat und Gesellschaft haben das Dasein jedes Menschen in vieler Hinsicht bestimmt, im Guten wie im weniger Guten. Sie alle sind deshalb mehr oder weniger zu ehren, als Menschen und Mächte, die vor uns waren und über uns herrschen und nach uns sein werden. Aber eines muss man ihnen verweigern, was zur Ehre Gott gegenüber gehört: die Anbetung.

Alles, was lebt, kommt vom lebendigen Gott. Auch für mich gilt, was dieser Gott einmal zum alten Israel gesagt hat: »Ich habe dich bei deinem Namen gerufen; du bist mein« (Jesaja 43,1). Aber weil er mich ins Leben gerufen hat, gehöre ich ihm und habe ich ihm allein zu gehorchen: »Ich bin der Herr, dein Gott. Du sollst nicht andere Götter haben neben mir«.

Dass dieser Gott diesen exklusiven Anspruch erhebt, macht uns von allen irdischen Ansprüchen frei. Niemand darf uns total unterdrücken. Kein Mensch darf uneingeschränkten Gehorsam verlangen. Kein Staat darf das Opfer unseres Lebens einfordern. Keine Kirche darf uns zu einem

Das Geheimnis der Geburt

blinden Glauben verpflichten. Und auch die Sehnsucht nach Anerkennung, die in uns steckt, muss Grenzen finden – in der Anerkennung des ewigen Gottes. Das erste Gebot kann uns von äußeren und inneren Zwängen befreien.

Aber dieses Gebot ist noch radikaler. Es begrenzt nicht nur auf heilsame Weise unsere Bindung an irdische Menschen und Mächte. Es verbietet darüber hinaus die Verehrung aller anderen Götter. Eigenartig und einzigartig hat sich im Vorderen Orient inmitten von Kulturen und Religionen, die alle mit einer Vielzahl von Göttern und Göttinnen gerechnet haben, ein Glaube entwickelt und durchgesetzt, der sich auf eine einzige Gottheit bezieht. »Höre, Israel, der Herr ist unser Gott, der Herr allein« (5. Mose 6, 4).

Am Anfang haben die Israeliten noch angenommen, dass die anderen Götter real existieren, aber vom Volk des einen Gottes nicht verehrt werden dürfen. Im Laufe der Jahrhunderte ist die Einsicht gewachsen, dass hinter den Götzenbildern der anderen Völker keine lebendigen Mächte stehen. Und heute sind die drei Religionen, die das abrahamitische Erbe pflegen, das Judentum, das Christentum und der Islam, mindestens in dieser Annahme einig, dass es nur eine, eine einzige Gottheit gibt.

Das macht die Beziehung zum Göttlichen nicht unbedingt einfacher. Denn wenn es verschiedene göttliche Mächte gibt, dann verteilen sich auch die Anforderungen an den Gehorsam. Und dann kann man auch ihnen gegenüber versuchen, was man schon in der Kindheit lernt, dass man zwei große Gestalten, nämlich Vater und Mutter, gegeneinander ausspielen kann. Eine einzige gewaltige Macht dagegen scheint nicht nur unbeeinflussbar, sondern auch unerträglich zu sein. Denn dieser einen Allmacht verdankt man nun alles: das Leben und das Sterben, das Glück und das Leiden.

Wie kann man im Glauben beides zusammenbinden? Wenn es viele Götter gibt, dann haben diese nicht nur verschiedene Zuständigkeitsbereiche, etwa für den Krieg und für den Frieden, sondern dann sind sie auch für gegensätzliche Erfahrungen verantwortlich. Es gibt den Himmelsgott und den Herrn der Unterwelt, den Gott des Krieges und die Göttin des Friedens. Alle verlangen sie die Verehrung von Seiten der Menschen, und alle sind untereinander auch in Konflikte verwickelt. Aber in sich, in ihrem jeweiligen Wollen und Walten, sind diese verschiedenen Gottheiten höchst eindeutig.

Das ist beim lebendigen Gott, von dem die Bibel erzählt, so nicht der Fall. »Der Herr tötet und macht lebendig, er führt hinab in das Totenreich und wieder heraus«, heißt es im Lobgesang der Hanna (1. Samuel 2,6). Alle Menschen bekommen im Lauf ihres Lebens diese beiden Seiten zu spüren. Sie erfahren Segen, und sie geraten ins Elend. Einem solchen Gott zu vertrauen, ist wirklich nicht einfach.

Deshalb gehört zur Glaubensgeschichte immer auch die Versuchung zum Abfall – weg von dem einen Gott, zurück zu den anderen Göttern. »Ich bin der Herr, dein Gott, der ich dich aus Ägyptenland, aus der Knechtschaft, geführt habe« (2. Mose 20,2). Auf dem mühsamen Weg in die Freiheit wollte Israel immer wieder in das alte Sklavendasein zurück. Die schwierigen, mühseligen, ungewohnten Erfahrungen auf dem Weg durch das Leben sind schwer zu ertragen. Dann träumt man sich zurück in die Vergangenheit, in der angeblich alles einfacher, übersichtlicher und auch besser gewesen ist. Und dann suchen Menschen, verständlicherweise, in religiösen Gruppen eine Geborgenheit, in der ihnen gesagt wird, warum alles so ist, wie es ist, und was sie tun sollen, damit sie noch besser durchs Leben kommen.

»Du sollst nicht andere Götter haben neben mir.« Das meint heutzutage wahrscheinlich weniger das Interesse an anderen Religionen und die Beschäftigung mit esoterischen Dingen. Sehr viel genauer hat M. Luther in seinem Großen Katechismus die Glaubensproblematik des modernen Menschen erfasst. »›Gott‹ heißt etwas, von dem man alles Gute erhoffen und zu dem man in allen Nöten seine Zuflucht nehmen soll. ›Einen Gott haben‹ heißt also nichts anderes, als ihm von Herzen vertrauen und glauben«. Wer sich selbst und das Leben um sich herum einigermaßen realitätsgerecht wahrnimmt, der weiß, welchen Gott man heute in der Gesellschaft verehrt: »der heißt Mammon, d.h. Geld und Gut ... Das ist ja auch der allergewöhnlichste Abgott auf Erden«.

Weihnachten, das Fest der Geburt, macht darauf aufmerksam: Unser Leben ist uns geschenkt. Glücklich sind wir, wenn wir einander beschenken können. Geld und Gut sind uns anvertraut als Lebensmittel, mit denen wir für uns sorgen und anderen helfen können. Wenn wir mehr und mehr haben wollen, wenn wir Schätze sammeln und Reichtümer anhäufen, dann besteht die Gefahr, dass unser Leben unter die Herrschaft dieser Lebensmittel gerät. Wir können mit ihrer Hilfe unser Dasein vielleicht ein wenig verlängern. Aber letzten Endes bekommt auch der Reichste einmal zu hören: »Du Narr! Diese Nacht wird man dein Leben von dir fordern; und wem wird dann gehören, was du aufgehäuft hast?« (Lukas 12,20). Vor solcher Torheit will uns das erste Gebot bewahren. Und der Engelsgesang in der Heiligen

Nacht stellt klar: Wenn die Ehre Gottes Himmel und Erde erfüllt, dann findet der irdische Kampf um Macht, Geld und Besitz ein Ende und Friede zieht ein.

Der Glaube: Schöpfung und Menschwerdung

Zu Weihnachten feiern die Menschen in unserer Gesellschaft das Fest der Geburt, und in den Gottesdiensten wird in Lesungen, Krippenspielen und Liedern behauptet: Gottes Sohn ist geboren, Gott selbst ist Mensch geworden. Wie ist das möglich? Muss dann nicht die ganze Welt, die Natur und die Menschheit, göttlich sein? Oder ist dann nicht alles Reden von Gott fromme, psychologisch erklärbare Phantasie? Wie also kann Gott Mensch werden, ohne dass der Unterschied zwischen Gott und den Menschen aufgelöst wird?

Das Glaubensbekenntnis gibt auf diese und ähnliche Fragen eine einfache, aber elementare Antwort: »Ich glaube an Gott, den Vater, den Allmächtigen, den Schöpfer des Himmels und der Erde«.

Der eine und einzige Gott ist der Schöpfer der Welt. Deshalb gehören Gott und Mensch auf der einen Seite zusammen, deshalb muss man sie andererseits aber auch unterscheiden. Wenn Gott sich in der Welt offenbart, in der Natur, in Tempeln, zuletzt in einem Menschen, dann zeigt er sich in einer Welt, die ihm nicht fremd ist. Er hat alles, was ist, gewollt und gemacht. Aber auch dann, wenn er sich in seiner Schöpfung und seinen Geschöpfen vorstellt, hört er nicht auf, Herr der Welt und Herr der Geschichte zu sein.

Weil dieser eine Gott die ganze Welt geschaffen hat, ist er auch der einzige Gott. Gleich im ersten Kapitel der Bibel findet man eine dramatische Wende in der Religionsgeschich-

Das Geheimnis der Geburt

te. Dort wird die Schöpfungsgeschichte auf unerhörte Weise erzählt. Die Erschaffung der Welt verläuft anders als in allen Traditionen, die man aus der Umwelt Israels, aber auch sonst aus den Religionen weltweit kennt. Am deutlichsten ist dieses neue Verständnis von Schöpfung im Blick auf die Gestirne zu fassen. »Und Gott sprach: Es werden Lichter an der Feste des Himmels, die da scheinen Tag und Nacht und geben Zeichen, Zeiten, Tage und Jahre und seien Lichter an der Feste des Himmels, dass sie scheinen auf die Erde« (1. Mose 1,14). Sonne, Mond und Planeten wurden und werden als Götter verehrt. Bis heute ist die Erinnerung daran im Namen unserer Wochentage enthalten. Am Sonntag bzw. am Montag müsste man die jeweilige Himmelsmacht verehren. Und dass die Planetenkonstellationen das Geschick von Menschen bestimmen, ist bis heute die grundlegende Überzeugung der Astrologie. Der biblische Schöpfungsbericht redet demgegenüber sehr profan und sehr nüchtern. Am Himmel sehen wir keine Götter, sondern Lampen, die Gott dort aufgehängt hat. Und diese Lichter beherrschen nicht unser Leben, sondern haben bestimmten Zwecken zu dienen. Sie sollen die Erde erleuchten. Der eine Gott ist der einzige Gott, weil es in seiner Schöpfung auch am Himmel keine anderen Götter gibt.

Natürlich zeichnen die modernen Wissenschaften ein anderes Bild von der Entstehung und den Strukturen des Universums. Der Kosmos ist nicht einfach im kurzen Zeitraum von sechs Tagen entstanden, und der Weltraum umfasst mehr als das Gegenüber von Himmel oben und Erde unten. Aber die Alten haben in der Regel auch nicht einfach von *dem* Himmel geredet. Die richtige Übersetzung am Anfang des Herrengebets müsste lauten: »Unser Vater

in den Himmeln« (Matthäus 6,9). In dieser Aussage ist durchaus Platz für die Millionen und Milliarden Lichtjahre, die
das Universum nach heutiger Einsicht umfassen soll. Und
die Bibel ist durchaus nicht festgelegt auf ein einziges Modell
der Weltentstehung. Denn wenn man die beiden ersten Kapitel genau studiert, dann entdeckt man darin zwei durchaus
unterschiedliche Berichte vom Ablauf der Schöpfung. Die
erste Darstellung gliedert das Ganze im Schema der sieben
Tage (1. Mose 1-2,4a). Die zweite, sehr viel ältere Erzählung
ist räumlich orientiert und konzentriert sich auf die Erschaffung der beiden Menschen im Garten Eden (1. Mose 2,4b-25).
In vielen Einzelheiten weichen die Berichte voneinander ab.
Im Kern vertreten sie aber dieselbe Botschaft. Himmel und
Erde und der Mensch sind von Gott geschaffen. Und diese
Botschaft gilt, auch wenn sich unsere Vorstellungen über die
Evolution vom Urknall bis zum Auftauchen der Homini-
den erheblich verändert haben. »Am Anfang schuf Gott
Himmel und Erde« (1. Mose 1,1). Das ist der Gott, der, »was
nicht ist, ins Dasein ruft« (Römer 4,17).

Auch die Menschen sind von Gott gewollt und geschaffen. Sind sie deswegen göttliche Wesen? In der Geschichte
hat es immer wieder religiöse oder philosophische Vorstellungen gegeben, die dem Menschen bzw. einigen Menschen
eine besondere, übermenschliche, engelgleiche Rolle
zuschreiben. Heutzutage finden sich solche Muster vor allem
in esoterischen Gruppen. Ich zitiere aus einem Buch »An
die Sterngeborenen«: »Am Anfang gab es nur einen Stern,
den Stern, der wir sind. Er leuchtete über einem leeren Universum. Als er barst und seine Teile durch die göttliche Leere
schleuderte, füllte sich der Himmel mit winzigen Lichtern,
und so waren unzählige Sterne geboren. Vielleicht erinnerst

Das Geheimnis der Geburt

du dich jetzt an die Zeit, als wir Teil dieses Sterns waren und in der Unermesslichkeit des Himmels kreisten und tanzten. Denn wir müssen uns erinnern, wenn wir uns vereinen wollen. Die Sternfamilien sammeln sich, um wieder nach Hause zu reisen. Wir wollen wieder zu dem Stern verschmelzen, der wir einst waren« (Solara, An die Sterngeborenen. Erinnerung für die Erwachten, Seon 1991, 13 und 15).

Was ist davon zu halten? Das Geschichtsmodell ist durchaus vergleichbar mit biblischen Anschauungen. Am Anfang steht die göttliche Einheit. Dann folgt eine Trennung bzw. Aufsplitterung. Am Ende kommt es zur Sammlung in einer neuen Gemeinschaft. Und Gott wird wieder sein »alles in allem« (1. Korinther 15,28).

In diesem Strukturmodell verändert sich freilich alles, wenn man es aus der Sicht des Glaubensbekenntnisses liest. »Ich glaube an Gott, den Allmächtigen, den Schöpfer des Himmels und der Erde«. »Was ist das?«, fragt M. Luther und gibt die Antwort: »Ich glaube, dass mich Gott geschaffen hat samt allen Kreaturen«. Ich bin kein Sterngeborener, sondern ein Geschöpf. Ich bin aus Ackererde gemacht (1. Mose 2,7) und werde wieder zu Erde werden. Meine Würde besteht nicht im göttlichen Wesen, sondern im gnädigen Willen des Gottes, der mich zum Leben bestimmt hat.

»Ich komme – und weiß nicht woher«. Weihnachten lüftet auch das Geheimnis meiner Herkunft. Biologisch bin ich durch einen Zufall entstanden. Philosophisch könnte man von dem Schicksal reden, das mich zur Welt gebracht hat. Esoterisch würde ich ein Sternenkind sein, ein Lichtfunke aus der Himmelswelt, wie es schon die antike Gnosis behauptet hat. Zu Weihnachten erhellen der Lichterglanz und der Engelgesang auch mein armseliges Leben. Und manchmal behaupte ich sogar voller Inbrunst, ein Engel zu sein: »Vom Himmel hoch, da komm ich her« (EG 24,1).

Der Engel im Lied verkündigt die Weihnachtsbotschaft, die wir im »Apostolischen Glaubensbekenntnis« mit folgenden Worten aufnehmen und wiederholen: Ich glaube **»an Jesus Christus, seinen eingeborenen Sohn, unsern Herrn, empfangen durch den Heiligen Geist, geboren von der Jungfrau Maria«.**

Jesus Christus ist Gottes »eingeborener Sohn«. Das will sagen: Er ist nicht, wie alle anderen Menschen, ein Geschöpf des allmächtigen Vaters. Das Geheimnis unserer Geburt ist groß. Uns hat der Wille Gottes zum Leben bestimmt. Für den Propheten Jeremia reicht seine Berufung sogar in die Ewigkeit Gottes zurück. »Und des Herren Wort geschah zu mir: Ich kannte dich, ehe ich dich im Mutterleibe bereitete, und sonderte dich aus, ehe du von der Mutter geboren wurdest« (2,4f). Dass Menschen leben, ist mehr als ein Zufall. Es verdankt sich göttlicher Fügung. Der Stern, der vor uns und für uns aufgeblitzt ist, ist ein Moment im ewigen Ratschluss Gottes. Gott sprach – und irgendwann war ich da.

Jesus Christus ist »eingeborener Sohn« von Ewigkeit zu Ewigkeit, für ungefähr dreißig Jahre auch in der Zeit. Das Glaubensbekenntnis von Nizäa-Konstantinopel umschreibt sein Geheimnis mit Worten, die man eigentlich nur nachsprechen kann. Kein Verstehen kann auflösen, was diese Worte besagen. Jesus Christus ist »aus dem Vater geboren vor aller Zeit: Gott von Gott, Licht vom Licht, wahrer Gott vom wahren Gott, gezeugt, nicht geschaffen, eines Wesens mit dem Vater; durch ihn ist alles geschaffen« (EG 805).

Jesus Christus, Sohn einer ewigen Zeugung, Teil einer unauflöslichen Verbindung mit dem göttlichen Vater, die

Das Geheimnis der Geburt

niemals begonnen hat, die niemals aufhören wird und die auch niemals unterbrochen war. In diesen Zusammenhang gehört auch jener beschwerliche Satz im Glaubensbekenntnis, den viele am liebsten streichen oder so interpretieren möchten, dass er seine Anstößigkeit verliert: »empfangen vom Heiligen Geist, geboren von der Jungfrau Maria«. Dieser Satz bezieht sich auf eine Stelle im Lukasevangelium, in der ein Engel die wunderbaren Umstände ihre Schwangerschaft der Maria ankündigt: »Der Heilige Geist wird über dich kommen, und die Kraft des Höchsten wird dich überschatten; darum wird auch das Kind heilig genannt werden und Gottes Sohn« (1,35).

Was Gottessohnschaft heißt, das hat man unter den ersten Christen auf ganz verschiedene Weise verstanden. Jesus aus Nazareth erhält den Geist Gottes und wird zum Sohn Gottes proklamiert bei seiner Taufe (Markus 1,10f). Jesus ist zum Sohn Gottes eingesetzt durch den Geist bei seiner Auferstehung von den Toten (Römer 1,3). Jesus ist Sohn Gottes gewesen vor aller Zeit; durch ihn hat Gott die Welt erschaffen und von der Macht der Sünde befreit (Hebräer 1,2f). Und dieser besondere, weil ewige, Sohn soll dann auch auf besondere Weise von seiner Mutter empfangen sein.

Für all diese Aussagen über die Gottessohnschaft Jesu gilt, was entsprechend auch für die Vaterschaft Gottes zu beobachten ist: Man kann solchen Sätzen auch in anderen Kulturen und Religionen begegnen. Nicht nur den biblischen Gott, sondern auch andere Gottheiten hat man als Vater angerufen. Und nicht nur Jesus aus Nazareth, sondern auch andere Personen hat man als Gottessöhne bezeichnet, die durch göttliche Kraft gezeugt, adoptiert bzw. entrückt worden sind. Was man von vielen anderen Männern und natürlich auch Frauen erwartet hat, das hat sich in der Gestalt und in der Geschichte des Jesus aus Nazareth bewahrheitet.

In ihm ist das Wesen der göttlichen Schöpfermacht offenbar. Wir Söhne und Töchter leben nach dem Willen des Vaters, der »über allen, durch alle und in allen ist« (Epheser 4,6). Aber er, dieser eine Sohn, kommt ganz von Gott her, ist ganz von ihm erfüllt und führt ganz zu ihm hin. Das Bekenntnis zur Jungfrauengeburt ist nicht biologisch, sondern doxologisch gemeint. Dieser Mensch verdankt sein Leben dem Einfluss des göttlichen Geistes. Ob und auf welche Weise ein Mann an der Empfängnis beteiligt gewesen ist, bleibt nur für distanzierte Neugier von Interesse. Welche Verwirrungen heute entstehen würden, wenn Engel bei einer unberührten Braut erscheinen und ihr eine Schwangerschaft ankündigen, kann man in dem Film »Maria und Josef« von J.-L. Godard erleben. In diesem Film kann man aber auch sehen, dass bei einer solchen Geburt der Sinn des Lebens und der Ursprung des Universums zur Diskussion gestellt werden. Wenn der Vater die Welt aus dem Nichts erschaffen hat, dann muss der Sohn unter Menschen ohne Zutun eines Mannes empfangen sein.

Dieser Sohn hat dann auch die biologischen und sozialen Familienbande zerrissen. Als seine Angehörigen ihn später heimholen wollen, wendet er sich denen zu, die ihrerseits Beruf und Familie verlassen haben: »Siehe, das sind meine Mutter und meine Brüder. Denn wer den Willen Gottes tut, der ist mein Bruder, meine Schwester und meine Mutter« (Markus 3,34). Der Sohn des himmlischen Vaters sammelt eine Gemeinde von Brüdern und Schwestern, in die man nur durch eine radikale Trennung gelangt: »Wenn jemand zu mir kommt und hasst nicht Vater und Mutter,

Das Geheimnis der Geburt

Frau und Kinder, Brüder und Schwestern und dazu sich selbst, dann kann er nicht mein Jünger sein« (Lukas 14,26). Diese Worte meinen im Sprachgebrauch der damaligen Zeit sicher keine negativen Emotionen. Sie wollen nicht zur affektiven Abscheu, sondern, bei allem Respekt vor den Eltern und anderen Angehörigen, zu einer energischen Abwendung von familiären Bindungen führen.

Jesus führt Menschen in die Freiheit vor Gott und aktiviert ihre geschöpfliche Würde, von der schon im Alten Testament die Rede ist: »Was ist der Mensch dass du seiner gedenkst, und des Menschen Kind, dass du dich seiner annimmst? Du hast ihn wenig niedriger gemacht als Gott, mit Ehre und Herrlichkeit hast du ihn gekrönt. Du hast ihn zum Herrn gemacht über deiner Hände Werk, alles hast du unter seine Füße getan: Schafe und Rinder allzumal, dazu auch die wilden Tiere, die Vögel unter dem Himmel und die Fische im Meer und alles, was die Meere durchzieht. Herr, unser Herrscher, wie herrlich ist dein Name in allen Landen!« (Psalm 8,5ff).

Dieses einzigartige Geschöpf ist jedoch nicht, wie man lange gesagt hat, zum Herrscher, sondern zum Verwalter der Erde berufen (1. Mose 1,28). Seine entscheidende und größte Würde ist zu Weihnachten deutlich geworden. Gottes Kraft wohnt nicht nur an besonderen, an heiligen Orten in der Natur, an denen sich die Pforten zur himmlischen Welt auftun (1. Mose 28,10ff) oder Gott mit einem Menschen zu sprechen beginnt (2. Mose 3,1ff). Gottes Gegenwart zieht auch nicht nur ein in die Tempel, die man ihm baut (1. Könige 8,1ff). »Als die Zeit erfüllt war, sandte Gott seinen Sohn« (Galater 4,1). Gott kam zur Welt in menschlicher Gestalt. Er hat mich und die Menschen geschaffen wie alle anderen Geschöpfe. Aber er hat nur mit einer Gattung unter seinen Geschöpfen eine Geschichte begonnen und unter allen Geschöpfen nur die Gestalt eines Menschen gewählt. In der Niedrigkeit der Krippe im Stall wird die Hoheit des menschlichen Daseins klar.

Das Gebet: Die Anrufung Gottes

Gott ist der Ursprung des Lebens für Jesus und alle anderen. Deshalb wird er in dem Gebet, das der Mann aus Nazareth seine Jünger gelehrt hat, »unser Vater« genannt. Eine solche Anrede gegenüber der göttlichen Macht ist nicht vollkommen neu; aber sie hat durch die Weihnachtsgeschichte eine genauere Bestimmung erfahren.

Es ist »ein Gott und Vater aller, der über allen und durch alle und in allen ist« (Epheser 4,6), »durch den alle Dinge sind und wir durch ihn« (1. Korinther 8,6). Weil er der Ursprung des Lebens ist, konnte der höchste Gott schon im Judentum und im Hellenismus als Vater bezeichnet werden. Für das griechische Denken folgte aus der Vaterschaft Gottes die Göttlichkeit der Natur. Im Judentum dagegen blieb auch mit dieser Bezeichnung der Unterschied zwischen Schöpfer und Schöpfung gewahrt. Gott ist Vater nicht im biologischen Sinn, der Leben durch Geschlechtsverkehr zeugt. Die Bibel vergleicht seine Vaterschaft eher mit einem Handwerker, der aus der Erde eine Gestalt oder einen Tonkrug zu formen versteht (1. Mose 2,7; Römer 9,21).

In vielen Teilen der Erde ist die Gottheit als Vater angerufen worden. So bitten die afrikanischen Kaola ihren Gott: »Rette uns vor dem Hungertod, du bist ja unser Vater und wir sind deine Kinder und du hast uns geschaffen«. Dass in der Schöpfung des einen Gottes die Vateranrede auch in anderen Kulturen und Religionen begegnet, ist nicht weiter verwunderlich. Denn in dieser Anrede, wo immer man sie verwendet hat, steckt eine dreifache Ahnung: Gott ist eine Macht. Dieser Macht kann man vertrauen. Und man darf sie anreden wie eine Person.

Als junger Mann hat Jesus eine Vatergeschichte erzählt, die auf ihre Weise beleuchtet, was es heißt, dass wir von Gott kommen und zu Gott gehen. Ein Sohn, der jüngere in der Familie, lässt sich sein Erbe auszahlen, geht in die Fremde und verprasst sein Vermögen. Als er sich zum Schweinehirten verdingen und von Schweineschoten ernähren muss, beschließt er, wieder nach Hause zu gehen und bei seinem Vater als Tagelöhner zu arbeiten. Aber es kommt anders: »Er machte sich auf und kam zu seinem Vater. Als er aber noch weit weg war, sah ihn sein Vater und hatte Erbarmen mit ihm; er lief ihm entgegen und fiel ihm um den Hals und küsste ihn« (Lukas 15, 20). Der diese Geschichte von einem Vater erzählt, hat selbst zwei Väter verlassen. Er ist aus dem Elternhaus abgehauen, so dass seine Mutter von ihm behauptet hat: »Er ist von Sinnen« (Markus 3,21). Und er hat sich dann auch von seinem geistlichen Vater Johannes getrennt, der ihn bekanntlich getauft hat (Markus 1,9). Es steckt viel Vertrauen in der Geschichte, die Jesus erzählt. So ist ein wirklicher, guter, menschlicher Vater. So ist aber auch und erst recht »unser Vater in den Himmeln«.

M. Luther hat die Anrede zu Beginn des Gebets ungenau und für die heutige Zeit sehr missverständlich übersetzt. Der allmächtige Gott soll »in dem Himmel« wohnen. Viele verstehen das immer noch als eine Ortsangabe »jenseits der Wolken«, was allen modernen Erkenntnissen total widersprechen würde. Der griechische Urtext redet weiträumiger und verwendet die Mehrzahl. Gott residiert »in den Himmeln«. Die Allmacht ist nicht auf einen bestimmten Bereich im Weltall beschränkt, sondern erfüllt und umfasst auch die abermillionen Lichtjahre des Universums. Das Bilderverbot, von dem noch zu reden sein wird, stört alle Versuche, die Gottheit an einen festen Punkt im jeweiligen Weltbild zu bannen.

Das gilt erst recht von den Gottesbildern, die Menschen sich immer und überall machen. Dass ich Gott als Vater anreden darf, bedeutet nicht, dass der christliche Glaube, wie man es heute oft hört, ein »persönliches Gottesbild« vertritt. Gottesbilder sind für die biblische Tradition grundsätzlich ausgeschlossen (2. Mose 20,4). Und Jesus selbst hat sich vor seinem Tod nicht an der Seite eines alten Mannes mit Bart auf einem himmlischen Thron, sondern »zur Rechten der Allmacht« gesehen (Matthäus 26,64). Diese unbegreifliche, unfassliche, auch unheimliche Macht darf man als »Vater« anrufen. Und dabei darf man auch alle persönlichen Vaterbilder, die mit positiven wie negativen Erfahrungen besetzt sind, hinter sich lassen. Der Vater in den Himmeln ist mächtiger als der Mann, den wir in der Familie erlebt haben. Er ist noch unfassbarer als die Männer, die in unserer Kindheit in der Weihnachtszeit aufgetaucht sind. Er ist unheimlich, weil unendlich fern und unendlich nah, weil »sein Reich und seine Kraft und seine Herrlichkeit« alles Leben umfassen.

Das Ritual: Der Segen

Nach der Geburt Jesu singen die himmlischen Chöre: »Ehre sei Gott in der Höhe und Frieden auf Erden und den Menschen sein Wohlgefallen« (Lukas 2,14). Darin steckt das Gebot:

Das Geheimnis der Geburt

»Ich bin der Herr, dein Gott; du sollst keine anderen Götter neben mir haben«. Weil jetzt Frieden ist in der Schöpfung, dürfen Menschen aber auch den einzigen, den ewigen
und allmächtigen Gott als »Vater« anrufen. Und sie dürfen
darüber hinaus einander mit seinem »Wohlgefallen«
beschenken.

Gerade in zeitlicher Nähe zur Geburt gab es und gibt es
eine Vielzahl von Ritualen. Um schwanger zu werden und
um ihre Schwangerschaft zu schützen, machten Frauen früher Wallfahrten zu heiligen Bildern, vor allem zu Bildern
der Mutter Maria. Durch Gebete, Reinigungsakte, Salbun-
gen und Diäten wurde die Frau für die Stunde der Geburt
präpariert. Ein schwieriges Problem bildete die Entsorgung
der Plazenta, die zeitweise als heilender »Mutterkuchen«
verwendet wurde. Und bis in die Gegenwart dürfen Mutter
und Kind mancherorts das Haus erst verlassen, wenn ihr
Weg in die Kirche zur Taufe führt. Auch die modernen Rituale von medizinischen Untersuchungen und hygienischen
Vorsichtsmaßnahmen machen deutlich: Die Geburt ist ein
gefährlicher Vorgang, und der Säugling, der zur Welt kommen soll, wird zeit seines Lebens gefährdet bleiben.

Deshalb benötigt jedes Kind nach seiner Geburt einen
Segen. Mit guten Worten, zärtlichen Blicken und liebevollen Berührungen wird es in der Familie begrüßt. Freunde
und Nachbarn bringen Geschenke. In der Kirche empfängt
es nach einiger Zeit die heilige Taufe, die alle Segenskraft
Gottes für das künftige Leben zusammenfasst. Wenn in der
Gegenwart Eltern den Sakramentsempfang für ihr Kind und
dessen Aufnahme in die Kirche verschieben und im Gottesdienst zunächst nur eine Segnung erbitten, wird man das
kirchlicherseits zu respektieren haben. Vor einem Verbot

einer solchen Handlung, wie es manche Landeskirchen planen, kann man nur dringend warnen. Denn dabei kommen nicht unbedingt geistliche Überlegungen, sondern vor allem marktwirtschaftliche Kalkulationen zum Zuge. Dadurch, dass man das eine Angebot, die Kindersegnung, aus dem Verkehr zieht, soll ein anderes Angebot, die Kindertaufe, stärker in Anspruch genommen werden. Angesichts der Einladung, die Jesus selbst formuliert hat (Markus 10,13ff), werden sich weder ernsthafte Christen noch gewissenhafte Pfarrer durch ein solches Verbot beirren lassen.

»Kinder sind eine Gabe des Herrn« (Psalm 127,3), so schmerzensreich das Gebären und so beschwerlich auch das Ernähren im Einzelfall aussehen mögen. Der Segen Gottes steht schon am Anfang der Schöpfungsgeschichte und umfasst alles, was lebt, zunächst die Wassertiere und Pflanzen: »Und Gott schuf große Walfische und alles Getier, das da lebt und webt, davon das Wasser wimmelt, ein jedes nach seiner Art, und alle gefiederten Vögel, einen jeden nach seiner Art. Und Gott sah, dass es gut war. Und Gott segnete sie und sprach: Seid fruchtbar und mehret euch und erfüllet das Wasser im Meer, die Vögel sollen sich mehren auf Erden« (1. Mose 1,21f). Der Segen Gottes steht aber auch am Anfang der Heilsgeschichte, wenn Abraham zu Beginn seiner Auswanderung zu hören bekommt: »Geh aus deinem Vaterland und von deiner Verwandtschaft und aus deines Vaters Hause in ein Land, das ich dir zeigen will. Und ich will dich zum großen Volk machen und will dich segnen und dir einen großen Namen machen, du sollst ein Segen sein. Ich will segnen, die dich segnen, und verfluchen, die dich verfluchen; und in dir sollen gesegnet werden alle Geschlechter auf Erden« (1. Mose 12,1-3). Auch heute noch erfahren Menschen, dass ihr Leben gesegnet ist, und von manchen heißt es am Ende sogar, sie hätten segensreich gewirkt. Deshalb soll jede Lebensgeschichte mit einem Segen beginnen.

Was ist Segen? Ganz allgemein kann man sagen: Weitergabe des Lebens, Einfluss von Lebenskraft. Alles, was Menschen benötigen, stammt aus der göttlichen »Quelle des Lebens« (Psalm 36,10): die Fruchtbarkeit der Felder und Tiere, die Kinder in der Familie, die Gesundheit des Leibes, das Glück in der Liebe, die Versorgung mit Wohnung und Kleidung und Nahrung, der Besitz von Gut und Geld. Weil Gottes Segen über die Erde strömt, bleiben Menschen am Leben und finden sie auf der Erde alles, was sie zum Leben benötigen.

Aber stimmt das wirklich? Es gibt doch unsägliches Elend, es gibt Hunger und alle mögliche Not. Genau an diesem Punkt liegt der unheimliche Skandal, der die Menschheitsgeschichte vergiftet. Lebensmittel sind für alle da, genug und übergenug. Aber nicht alle erhalten sie, weil der Strom des göttlichen Segens gestoppt wird. Menschen halten fest, was sie erhalten. Was ihnen geschenkt wird, will aber weitergegeben werden. Sie erklären Segensgaben zum Eigentum. Sie wollen ihr Leben sichern und sich bereichern und müssen am Ende entdecken, dass niemand, wie man sagt, etwas mitnehmen kann. Die Schöpfung Gottes ist reich. »Die Welt hat genug für jedermanns Bedürfnisse, aber nicht für jedermanns Gier« (M. Gandhi). Und man darf sich nicht einreden lassen, dass der Hunger der Armen vergleichbar ist mit der Habsucht der Mächtigen. »Man wird ja nicht Tyrann, um nicht zu frieren« (Aristoteles).

Was Leben in Gottes Welt wirklich heißt, lernt man durch das Ritual des Segnens. Die meisten denken bei diesem Stichwort an die Handlung, mit der die Gemeinde durch den

Pfarrer/die Pfarrerin aus dem evangelischen Gottesdienst entlassen wird. Aber segnen können und dürfen nicht nur die Geistlichen. Jeder Mensch hat Lebenskraft, die er weitergibt. Wenn die herangewachsenen Kinder aus dem Haus gehen, dann ist die Frage geklärt, ob und in welcher Höhe die Eltern sie finanziell unterstützen. Und dann steht oft die unausgesprochene Erwartung im Raum, ob die Eltern noch etwas mitgeben können, was mehr wert ist als jeder Scheck, ihren Segen. Weil in einem Menschen bis zum letzten Atem noch Lebenskraft steckt, hat man früher von Sterbenden sagen können: Er oder sie hat das Zeitliche gesegnet.

Segnen heißt Austausch von Lebenskraft in den Situationen von Trennung und Abschied. Das geschieht nicht nur im Gottesdienst, sondern andauernd auch im Alltag. Man gibt sich die Hand, man blickt sich in die Augen, man sagt sich ein gutes Wort und nimmt sich manchmal sogar in die Arme. In diesen Momenten sind die Partner mit Leib und Seele beieinander. Sie tauschen nicht nur Informationen aus und teilen sich nicht nur ihre Emotionen mit. Durch Händedruck und Augenblick, durch Sprache und Körperkontakt fließt Energie. Zum Segnen gehören deshalb nicht nur gute Worte, sondern immer auch heilsame Berührungen zwischen Menschen.

Im Gottesdienst wird dieses Geschehen aufgeladen mit dem Namen des heiligen Gottes: »Der Herr segne dich und behüte dich ...«. Aber auch in den Abschiedsszenen des Alltags klingt manchmal noch der religiöse Ursprung des Segens durch. »Pfüit (behüte dich) Gott«, sagt man in Süddeutschland. Oder man redet französisch: »Adieu«. Und manche können das banale »Tschüss« mit solchen melodischen Bögen versehen, dass darin viel Zuwendung und

Freundlichkeit und Lebensmut mitschwingt. In den Ritualen des Abschieds, auch wenn sie nicht formell und korrekt vollzogen werden, realisieren Menschen, was immer zum Leben gehört. Sie geben die Lebenskraft, die sie empfangen haben, an andere weiter. Sie teilen. Und sie werden dadurch nicht ärmer.

Die Lebenskraft, die die Schöpfung erfüllt, fließt schon in den Alltagsmomenten. Sie wird gesteigert dadurch, dass in den religiösen Handlungen die Segenskraft des Schöpfers ausdrücklich angerufen wird. So heißt es am Schluss des Gottesdienstes mit den Worten, die im Alten Testament Mose dem Aaron und seinen priesterlichen Nachkommen anvertraut hat: »Der Herr segne dich und behüte dich; der Herr lasse sein Angesicht leuchten über dir und sei dir gnädig; der Herr hebe sein Angesicht über dich und gebe dir Frieden« (4. Mose 6, 24-26).

Für viele bilden diese uralten Worte bis heute den Höhepunkt des Gottesdienstes. Das mag damit zusammenhängen, dass hier eine uralte Erfahrung vergegenwärtigt wird, die jede/r von uns in den ersten Monaten nach seiner Geburt gemacht hat. Wir hatten Hunger. Wir waren verlassen. Wir wollten gesäubert werden. Wir schrieen, so laut wir konnten. Und dann leuchtete ein Gesicht über uns auf, strahlend und liebevoll und brachte alles, was wir zum Leben brauchten.

Deshalb ist es für die Lebenserfahrung der Kinder wichtig, dass sie auch auf dem Weg aus dem Haus, auf dem Weg zu Kindergarten und Schule und kurz vor dem Einschlafen nicht nur mit einer liebevollen Umarmung entlassen werden, sondern auch einen Segen empfangen: »Gott behüte deinen Weg« bzw. »Gott behüte deinen Schlaf«. Und dann kann man mit den Fingern der rechten Hand auf die Stirn des Kindes das Zeichen des Kreuzes schlagen. Die Lebenskraft, die dem Kind vor und nach seiner Geburt aus dem Leib der Mutter direkt zugeflossen ist, wird ihm nun auf andere Weise geschenkt. Die gute Gegenwart Gottes wird zugesprochen, Gottes mächtiger Schutz wird mit einer doppelten Handbewegung über einen kleinen, sterblichen Leib gebreitet.

Weil jeder Mensch von Geburt an mit Lebenskraft angefüllt ist, hat M. Luther für den Übergang zwischen Tag und Nacht zwei Segenshandlungen vorgeschlagen, die man an sich selbst vollziehen kann (EG 815 und 852). Auch darin werden Worte und Körperhandlungen kombiniert. Zunächst wird der eigene Leib »mit dem Zeichen des heiligen Kreuzes« gesegnet und dem guten Walten des heiligen, dreieinigen Gottes anbefohlen. Dann soll ich im Knien oder im Stehen, also in Haltungen der Ehrerbietung, das Glaubensbekenntnis oder das Vaterunser sprechen und ein Gebet folgen lassen, das alle wichtigen Inhalte des Segens umfasst. Ich danke für den Schutz, den ich in der Nacht oder am Tag durch die Gnade Gottes erfahren habe. Ich bitte um Gottes Bewahrung vor Schuld und Schrecken bzw. um seine Sündenvergebung. Und ich vertraue mich ausdrücklich, mit Leib und Seele und allem, was zu mir gehört, der göttlichen Handlungsmacht an. Im Kampf des Lebens soll Gottes heiliger Engel mich vor dem Einfluss des bösen Feindes behüten. Ganz wesentlich für das Segnen sind die Sätze, mit denen Luther seinen Vorschlag beschließt. Man soll »alsdann mit Freuden« seine Arbeit beginnen bzw. »flugs und fröhlich« sich dem Schlaf überlassen. Nach einem Segen braucht man nicht nachzudenken und vorzuplanen. Wenn der Segen sich Gottes sich eingestellt hat, müssen Ärger und Sorgen und Ängste verschwinden.

2. Das Geheimnis des Lebens

Das Fest: Ostern

In der Osterzeit geht es um Sterben und Leben. Das Fest widerspricht dem modernen Lebensverständnis in doppelter Hinsicht. Normalerweise rechnen wir damit, dass wir mehr oder weniger lange leben, um dann irgendwann einmal sterben zu müssen. Das ist hier anders. Auf den Karfreitag folgt der Ostertag, das Sterben ist der Durchgang zum Leben. Der Tod ist hier also nicht unser Ende, sondern der Anfang von allem. Nur wer die letzte Grenze schon einmal mehr oder weniger radikal überschritten hat, weiß das Leben zu schätzen und angemessen zu führen. Zu Weihnachten kommen die Menschen um Gottes willen immer wieder zur Welt. In der Osterwoche erfahren sie, dass kein Leiden sie aus der Lebensgemeinschaft mit Gott herausreißen kann.

Deshalb wird das Sterben nicht nur am Ende des Kirchenjahres behandelt. Dort geht es vor allem um die Toten, um die, die schon gestorben sind, wie um die, die demnächst sterben werden. Zu Ostern wird nicht an das Schicksal einzelner Menschen erinnert, um die man trauert und für die man um Gottes Erbarmen bittet. Zu Ostern wird das Schicksal des Todes gefeiert: Er ist besiegt. Seine unheimliche Macht ist begrenzt. Durch alles Sterben hindurch gibt es Leben.

Dieses Grundgesetz des Glaubens haben die Alten auch in der Natur gefunden. Deshalb wird Ostern im Frühjahr gefeiert. In dieser Jahreszeit kann man überall sehen, wie das scheinbar Abgestorbene wieder zu leben beginnt. Gras sprießt aus der Erde. An den Bäumen schlagen die Knospen aus. Schon Paulus beruft sich zum Verständnis der Auferstehung auf das Geschehen in der Natur: »Was du säst, wird nicht lebendig, wenn es nicht zuvor stirbt« (1. Korinther 15,36). Wir wissen heute, dass das Saatgut in der Erde nicht »stirbt«, sondern transformiert wird. Same wird in die Erde versenkt und entwickelt dort mit Hilfe der Sonne neue Lebenskraft. Bis heute aber kann dieses Geschick des Verweslichen zum Gleichnis für die Unverweslichkeit werden.

Weil sich im Frühjahr die Kraft des erneuerten Lebens zeigt, hat das Fest in unseren Breiten zwei Natursymbole angezogen, die auf unauffällige Weise diese Lebenskraft repräsentieren: das Osterei und den Osterhasen. Am Hasen hat man nicht erst, seitdem es zum Markenzeichen einer Männerzeitschrift gewählt worden ist, seine sexuelle Trieb-haftigkeit und Fruchtbarkeit bewundert. Er stellt mit sei-nem vermehrten Aufkommen zum Jahresbeginn jenen Willen zum Leben dar, der die ganze Schöpfung durchzieht und für den Fortgang der Generationen sorgt. Und das Ei ist jene sichtbare Zwischenstation, die aus altem Leben stammt und aus der sich neues Leben entwickelt.

In der Osterwoche gehen inzwischen sehr viel weniger Men-schen zum Gottesdienst als zu Weihnachten. Der Karfreitag ist längst nicht mehr, wie noch vor dreißig Jahren, der höch-ste protestantische Feiertag. Und an den Ostertagen selbst macht man einen Spaziergang, einen Ausflug, einen Ver-wandtenbesuch. Faktisch sind diese Tage für viele Zeitgenos-sen zu einem Frühlingsfest geworden. Man freut sich über das neue Leben in der Natur. Und spürt vielleicht auch neue Mög-lichkeiten zur Aktivität am eigenen Körper. Und manche hof-fen sogar auf neue Chancen im Beruf und in der Beziehung.

Auf der anderen Seite hat sich aber auch eine neue Got-tesdienstform überraschend schnell in vielen Gemeinden

Das Geheimnis des Lebens

durchgesetzt: die Feier der Osternacht. Der Weg vom Sterben zum Leben, von der Trauer zum Jubel wird dabei im Übergang aus der Dunkelheit in das Licht festlich gestaltet. Dazu passt jener biblische Text, der die Ostererfahrung in einen Garten, in einen Zwischenraum zwischen Natur und Kultur also, verlagert.

»Maria aber stand draußen vor dem Grab und weinte. Während sie weinte, schaute sie in das Grab und sah zwei Engel in weißen Gewändern sitzen, den einen da, wo der Kopf, den anderen dort, wo die Füße des Leichnams Jesu gelegen hatten. Diese fragten sie: Warum weinst du? Sie antwortete ihnen: Sie haben meinen Herrn weggenommen, und ich weiß nicht, wo sie ihn hingelegt haben. Und als sie das gesagt hatte, wandte sie sich um und sah Jesus stehen und wusste nicht, dass es Jesus war. Da sagte Jesus zu ihr: Warum weinst du? Wen suchst du? Sie meinte, es wäre der Gärtner, und sagte zu ihm: Herr, hast du ihn weggetragen, so sage mir, wo du ihn hingelegt hast; dann will ich ihn holen. Da sagte Jesus zu ihr: Maria! Sie wandte sich um und sagte zu ihm auf hebräisch: Rabbuni! das heißt: Meister! Da sagte Jesus zu ihr: Berühre mich nicht! Denn ich bin noch nicht zum Vater aufgefahren. Geh aber zu meinen Brüdern und sage ihnen: Ich fahre auf zu meinem Vater und zu eurem Vater, zu meinem Gott und zu eurem Gott. Maria von Magdala ging und verkündete den Jüngern: Ich habe den Herrn gesehen, und das hat er zu mir gesagt« (Johannes 20,11ff).

Unsere Schwierigkeiten mit der Osterbotschaft sind keineswegs neu. Man kann sie schon in den ersten Berichten finden. Jesus wird vor seiner Hinrichtung von seinen Anhängern verleugnet und verlassen. Und nach seiner Bestattung durch einen angesehenen Ratsherrn, der nicht zum engeren Jüngerkreis gehört hatte, waren es nur ein paar Frauen, die sich um das Grab kümmerten. Als sie davon erzählten, dass sie den Leichnam Jesu nicht gefunden hätten, hat man zunächst wohl mit einem Diebstahl gerechnet. Wie umgekehrt die Jerusalemer Bevölkerung einen entsprechenden Verdacht gegenüber den Jüngern geäußert haben dürfte (Matthäus 27,64 will diesem Verdacht vorbeugend begegnen).

In dem Ostertext bei Johannes kann man noch eine eigentümliche Sinnesverwirrung erkennen. Nach einem Tod ist nur eines deutlich: die Trauer. Maria von Magdala, die Jesus von sieben Dämonen befreit hatte (Markus 16,9), ist voller Tränen. Die Engel, die hier wie in der Weihnachtsgeschichte erscheinen, bleiben merkwürdig sprachlos. Und die Jesusgestalt, die sich vor der Frau aufbaut, darf Maria nicht leiblich berühren. Es ist eine Zwischenwelt, in die Ostern führt, zwischen Trauer und Hoffnung, zwischen Blindheit und Einsicht, zwischen verweslicher und unverweslicher Leibhaftigkeit.

Noli me tangere – »Berühre mich nicht!« Man kann das Geheimnis als Rätsel behandeln und die historischen Hintergründe wie die psychologische Disposition, die in den Ostertexten erkennbar sind, wissenschaftlich zu ergründen versuchen. Das ist nicht verboten und kann in Einzelfällen dem Glauben auch weiterhelfen. Man sollte dabei aber auch die Warnung der Berichte beachten. Wer mit dem Ostergeheimnis nicht schonsam umzugehen versteht, der kann es zerstören.

Die Texte belegen ja gerade nicht, was heute viele immer wieder behaupten: Früher sei der Osterglaube ganz einfach gewesen. Und erst der moderne Mensch hätte mit dem, was zu Karfreitag und Ostern geschehen sein soll, jene Schwie-

Das Geheimnis des Lebens

rigkeiten, die fast alle kennen. Das Geheimnis, dass der Weg ins Leben durch Sterben führt, ist schon immer umstritten gewesen. Schon die ersten Anhänger des Mannes aus Nazareth haben das nicht wahrhaben wollen. In jedem Garten kann man damals wie heute das Naturgesetz beobachten, das dem Glaubensgeheimnis zugrunde liegt und das dort seine unendliche Erfüllung findet. Aus Sterben entsteht neues Leben.

Erst wenn der »Gärtner« erscheint, der diesen Weg selber gegangen ist, lösen sich alle scheinbaren Eindeutigkeiten auf. Eine Stimme erklingt und ruft einen Namen: »Maria!« Eine Wendung passiert, ein Wort kommt über die Lippen: »Rabbuni!« Ein Bekenntnis ist in der Welt und wird zur Verführung: »Meister!«

»Wir danken dir, Herr Jesu Christ,
dass du vom Tod erstanden bist
und hast dem Tod zerstört sein Macht
und uns zum Leben wiederbracht.
Halleluja.

Wir bitten dich durch deine Gnad:
nimm von uns unsere Missetat
und hilf uns durch die Güte dein,
dass wir dein treuen Diener sein.
Halleluja.

Gott Vater in dem höchsten Thron
samt seinem eingeborenen Sohn,
dem Heiligen Geist in gleicher Weis
in Ewigkeit sei Lob und Preis!
Halleluja« (EG 107).

Das Gebot: Die Heiligung Gottes

Warum sterben wir Menschen? Warum musste Jesus sterben? Aus der Perspektive des Frühlingsfestes sind das keine ernsthaften Fragen. Das Leben besteht im ständigen Wechsel von Werden und Vergehen. Wie alle Viren und Pflanzen und Tiere ist auch der Mensch in diesen Rhythmus eingebunden. Er kommt zur Welt, er lebt, er muss sterben. Der Tod ist das natürliche Ende des Daseins.

Am Anfang der Bibel wird freilich eine mythische Geschichte erzählt, die behauptet: Es hätte auch anders sein können (2. Mose 3). Nach ihrer Erschaffung fanden die ersten Menschen im Garten des Friedens alles, was sie zum Leben benötigten. Nur zwei Bäume in der Mitte des Gartens waren ihrem Zugriff entzogen, der Baum des Wissens und der Baum des Lebens. Eva und Adam übertraten dieses Verbot. Seitdem wissen wir, was gut und was böse ist und sind Gott dadurch ähnlich geworden. Damit sie sich nicht auch noch am Baum des Lebens vergreifen, mussten sie den Garten Eden verlassen. Gott »trieb den Menschen hinaus und ließ lagern vor dem Garten Eden die Cherubim mit dem flammenden, blitzenden Schwert, zu bewachen den Weg zu dem Baum des Lebens« (1. Mose 3,24).

Dass die Menschen sterben müssen, ist also nicht natürlich. Der Schöpfer hat seinen Atem, seinen Geist in sie eingehaucht – sie könnten Anteil haben an seiner Lebenskraft. Aber sie wollten und wollen noch mehr: Sie wollen sein wie Gott. Sie übertreten die Grenzen, die ihnen gesetzt sind. Und müssen dann in der Tat fertig werden mit dem Wissen darum, was gut und was böse ist. Menschen werden nicht einfach von ihren Instinkten und Trieben geleitet. Sie müssen sich immer und überall auseinandersetzen mit dem Gebot.

Das Christentum hat die zehn Gebote aus dem Alten Testament übernommen. Weil diese Sätze heiligen Rechts einem bestimmten Volk zu einer bestimmten Zeit anvertraut worden sind, muss man bei jeder Aussage überlegen, was davon zeitbedingt und was allgemein gültig ist. Im Kern sind darin Anweisungen formuliert, die allen Menschen, zu welcher Religion, Rasse und Kultur sie auch immer gehören mögen, ein humanes Leben erlauben. Das gilt auch für diejenigen Setzungen, die das Verhältnis zur Gottheit betreffen. Denn sie folgen auf das erste Gebot, in dem Gott zunächst gar nichts befiehlt, sondern sich seinem Volk vorstellt und dem Menschen verspricht: »Ich bin der Herr, dein Gott, der ich dich aus Ägyptenland, aus der Knechtschaft, geführt habe« (2. Mose 20,1). Der Gott, der die Gebote erlässt und damit die Freiheit einzuschränken scheint, hat sich in der Tat als ein Gott der Befreiung erwiesen.

»Du sollst dir kein Bildnis noch irgendein Gleichnis machen, weder von dem, was oben im Himmel, noch von dem, was unten auf Erden, noch von dem, was im Wasser unter der Erde ist: Bete sie nicht an und diene ihnen nicht!« (2. Mose 20,4f).

In der antiken Welt ist dieses Gebot eindeutig gegen alle Götterbilder gerichtet, die es in der Umgebung Israels, aber auch in Israel selbst gegeben hat. Die Geschichte vom goldenen Kalb, genauer: vom goldenen Stier, illustriert, wie schnell das Volk Gottes bereit ist, sich in Krisenzeiten einen handfesten Götzen zu machen, der dann mehr oder weniger deutlich die Gestalt eines Geschöpfes annehmen muss (2. Mose 32). Demgegenüber verteidigt das Gebot den Unterschied zwischen dem Schöpfer und seinen Geschöpfen. Der Mensch darf auf keine Weise Macht über Gott gewinnen wollen. Das gilt freilich nicht nur für die Götzen, die man aus Gold und Steinen und Holz immer wieder hergestellt hat. Ebenso mächtig und bedrückend sind jene Gottesbilder, die sich in der Phantasie des Einzelnen, aber auch in religiösen Vorstellungen und theologischen Aussagen niederschlagen. Sie legen die Gottheit eindeutig fest. Man fürchtet dann einen strengen Richter, wie in den Jahrzehnten vor der Reformation, oder wünscht sich einen lieben, anspruchslosen Freund, wie häufig in der Gegenwart.

Gott kann beides sein, zornig und geduldig, eifersüchtig und großmütig. Seine Kritik an allen Gottesbildern begründet der Prophet Jeremia mit dem einfachen Satz: Er ist »der lebendige Gott« (10,10). Deshalb kann man ihn nicht mit einem Bild einfangen und auf ein Bild festlegen. Alle Bilder, die man sich von ihm macht, werden durch Erfahrungen dementiert. Dass dieser Gott immer nur freundlich ist, widerlegen die Nachrichten in jeder TAGESSCHAU. Dass dieser Gott Menschen ständig mit Ängsten und Zwängen quält, wird niemand in den Augenblicken des Glücks behaupten. Gott ist lebendig, Herr über all das, was wir an Schrecklichem und Schönem erleben. Deshalb darf und kann man ihn nicht in einem Bildwerk fixieren.

»Du sollst den Namen des Herrn, deines Gottes, nicht missbrauchen« (2. Mose 20,7).

Auch in diesem Gebot geht es zunächst um eine Frage der Macht. Dass der Mensch mehr ist als andere Lebewesen, zeigt sich im zweiten Schöpfungsbericht bei der Erlaubnis, allen Tieren einen Namen zu geben (1. Mose 2,19f). Auch heute noch ist es ein Zeichen von Vertrauen, wenn man

Das Geheimnis des Lebens

einem anderen seinen Namen verrät. Denn mit dem Namen kann man etwas machen. Im Alltag ruft man einen Bekannten auf der anderen Straßenseite mit seinem Namen, und er wendet sich um. Vor Gericht erfährt ein Mensch die staatliche Macht, wenn er »im Namen des Volkes« verurteilt wird.

Das letzte Beispiel zeigt, dass der Name der Macht noch nicht einmal bekannt sein und genannt werden muss, um wirksam zu werden. Auch Andachten und Gottesdienst werden ja manchmal »Im Namen ...« begonnen. Aber es folgen dann gar keine konkreten Benennungen, sondern allgemeine Umschreibungen. Ein personales Machtfeld wird angerufen, das »Vater und Sohn und Heiligen Geist« umfasst und dessen Einfluss nun heilsam und segensreich wirken soll. Der einzige Name, der im Neuen Testament und in der kirchlichen Tradition eine zentrale Rolle spielt, bezeichnet einen Mann aus Nazareth, der um die Zeitenwende gelebt hat, hingerichtet und auferweckt wurde.

In jedem Namen steckt eine Macht. Deshalb ist auch unter Menschen wichtig, dass man den Namen des anderen nicht missbraucht. Technische Sicherungen sorgen dafür, dass man den anderen nicht gegen seinen Willen anrufen oder Geld von seinem Konto abheben kann. In Geheimbünden, aber auch bei den Anonymen Alkoholikern bleiben die Namen der Mitglieder verborgen, und auch alle Maßnahmen beim Datenschutz sollen Menschen vor einem unerwünschten Einfluss auf ihr Leben bewahren.

Muss auch der Name der Gottheit geschützt werden? In manchen Religionen ist das durchaus der Fall. Und im frühen Christentum wurde das Glaubensbekenntnis den Taufbewerbern erst kurz vor der Taufe anvertraut. Die Begründung für das Verbot legt es freilich nahe, dabei eher an das

Schutzbedürfnis der beteiligten Menschen zu denken. Der Name Gottes schützt durchaus sich selbst. Wer ihn missbraucht, bleibt jedoch »nicht ungestraft«. Es geht zunächst und vor allem um die Bewahrung des Menschen, der den göttlichen Namen in den Mund zu nehmen wagt. Und es geht dann auch um die Menschen, die von dem Gebrauch des Namens betroffen sind. Das ist dann der Fall, wenn man mit der Hilfe Gottes in ihr Leben eingreifen will.

Im Alten Testament liegt ein Missbrauch des göttlichen Namens sicher beim Meineid vor (3. Mose 19,12), und auch manche Zauberpraktiken wurden wohl auf diese Weise vollzogen (5. Mose 18,10f). Um den rechten Gebrauch des Namens geht es im Streit zwischen wahren und falschen Propheten (z.B. Jeremia 7,1ff). Weil hier der Name Gottes zur Schädigung des Lebens eingesetzt wird, dürfen die Anhänger Jesu einen Fluch, der sie trifft, nicht auf gleiche Weise, sondern nur mit einem Segen erwidern (Matthäus 5,44). Das Gesetz der Vergeltung darf nicht mehr im Namen Gottes von Menschen vollzogen werden, sondern bleibt der Macht Gottes überlassen (Römer 12,13ff).

Ein Missbrauch des göttlichen Namens droht faktisch in jedem Gottesdienst; denn wenn man die Liturgie im Namen Gottes beginnt, darf man die Predigt nicht mit eigenen Wünschen und Ängsten und Idealbildern füllen. Auch in der politischen Welt sollte man eigene Interessen nicht mit religiösen Begriffen legitimieren. Auf das Bündnis von »Thron und Altar« blicken wir heute kritisch zurück. Aber ist das »christliche« Abendland, mit dem man sich von den muslimischen Traditionen abzugrenzen versucht, wirklich immer so christlich gewesen? Und sind die Programme, aber auch die Wahlkampagnen und Regierungsaktivitäten von konservativen

Parteien immer so angelegt, dass man sie als spezifisch »christlich« bezeichnen kann?

»Gedenke des Sabbattags, dass du ihn heiligst« (2. Mose 20,8).

Wie schwierig es ist, die alten Gebote in die moderne Gesellschaft zu übertragen, zeigt die aktuelle Diskussion um die Sonntagsruhe. Im orthodoxen Judentum wie im puritanischen England hat man versucht, das Gebot radikal einzuhalten. Bis vor einigen Jahren hat man auf der britischen Insel am Sonntag weder Fußball noch Tennis gespielt. Aber auch dort sind diese Einschränkungen inzwischen entfallen. Und auch bei uns breitet sich die Sonntagsarbeit immer mehr aus. Nicht nur im Krankenhaus, auch bei der Bahn und der Polizei ist unvermeidlich immer durchgearbeitet worden. Teure Investitionen in Produktionsketten lohnen sich heutzutage nur, wenn diese pausenlos in Betrieb sind. Und ebenso pausenlos wie die Produktion soll auch der Konsum möglich sein; deshalb werden Ladenschlusszeiten mehr und mehr reduziert.

»Ohne Sonntag gibt es nur noch Alltag«. Mit diesem Slogan versuchen die Kirchen sich in die öffentliche Debatte einzuschalten. Sie greifen dabei in der Regel aber nicht auf das Gebot zurück, sondern argumentieren mit humanitären Gründen. Menschen brauchen Erholung. Und die Ruhepause hat eine andere Qualität, wenn man sie sich nicht nur als Einzelner gönnt, sondern wenn die Freizeit möglichst viele in der eigenen Umgebung umfasst. »Der Sabbat ist um des Menschen willen geschaffen und nicht der Mensch um des Sabbat willen«, hat Jesus gesagt (Markus 2,27). Er hat aus Gründen der Menschlichkeit die radikale Einhaltung des Gebots kritisiert. Heute wird man aus eben diesen Gründen die zunehmende Beseitigung des Gebots zurückweisen müssen.

Sein eigentlicher Sinn ist damit freilich noch nicht erfasst. Denn es heißt ja nicht: Mach mal Pause! Oder: Macht alle mal Pause!, sondern es fordert dazu auf, diesen einen Tag zu heiligen. Was könnte das heißen? Auf den ersten Blick geht es wirklich um Ruhe in der gesamten Gemeinschaft: »Da sollst du keine Arbeit tun, auch nicht dein Sohn, deine Tochter, dein Knecht, deine Magd, dein Vieh, auch nicht dein Fremdling, der in deiner Stadt lebt« (2. Mose 20,10). Aber das soziale Verhalten in der Freizeit hat eine religiöse Dimension. Menschen leben im Lauf der Woche wie der lebendige Gott. »Denn in sechs Tagen hat der Herr Himmel und Erde gemacht und das Meer und alles, was darinnen ist, und ruhte am siebenten Tage. Darum segnete der Herr den Sabbattag und heiligte ihn« (20,11). Durch ihre Arbeit sind Menschen am Schöpfungswerk Gottes beteiligt. Diese Arbeit kostet auf jeden Fall Kraft. In der Sabbatruhe des Sonntags stoßen sie auf eine Quelle, durch die verlorene Lebenskraft erneuert wird. Der heilige Tag ist gesegnet.

Deshalb kann man sich am Sonntag erholen. Man kann sich der Familie widmen, seine Hobbys pflegen. Oder sich ganz zurückziehen und sich entspannen. Man kann Erholung aber auch bei der »Quelle des Lebens« (Psalm 36,10) finden und die Segenskraft des heiligen Gottes suchen. M. Luther hat Recht, wenn er im Kleinen Katechismus das Gebot so kommentiert: »Wir sollen Gott fürchten und lieben, dass wir die Predigt und sein Wort nicht verachten« (EG 806,1). Wenn auf der Kanzel mehr laut wird als kluge Theologie oder pastorale Freundlichkeit, wenn dort das Evangelium als »Kraft Gottes« (Römer 1,16) zur Sprache kommt, dann werden Menschen befreit von Ängsten und Zwängen, dann hört stressbedingte Müdigkeit auf und Lebensmut zieht wieder ein. Aber auch bei einer Bach-Kantate zu Hause oder bei einem andächtigen Waldspaziergang kann man den Segen Gottes erfassen.

Der Glaube: Kreuz und Auferstehung

Ich bin geboren, ich lebe, weil Gott mich zur Welt gebracht hat. Aber in seiner Schöpfung treibt noch eine andere Macht ihr Unwesen, die weder in die Natur noch in den Glauben gehört. Das Diabolische, das alles durcheinander bringt, sorgt dafür, dass kein Mensch die Gebote Gottes vollkommen einhalten kann. »Wir sollen Gott fürchten und lieben«, heißt es immer wieder in Luthers Erklärung zu den Geboten. Gerade in dieser grundsätzlichen Hinsicht bin ich manchmal erheblich verwirrt. Wenn ich Gott fürchten sollte, dann träume ich: Er ist doch so lieb. Und wenn ich ihn lieben dürfte, dann bin ich oft erfüllt von Angst und Mutlosigkeit. Die einfachste Lösung in beiden Fällen besteht für viele in der Behauptung: Es gibt keinen Gott. Und bei fast allen Alltagsgeschäften und Beziehungsgeschichten sind meine Gedanken und Gefühle mit anderen Dingen befasst. Mein Vertrauen richtet sich nur ausnahmsweise auf Gott.

Das Glaubensbekenntnis will mich, diesen manchmal unruhigen, manchmal auch unsicheren Menschen zu einer merkwürdigen Aussage verführen. Ich soll sagen: Ich glaube »an Jesus Christus, Gottes eingeborenen Sohn, unseren Herrn ..., gelitten unter Pontius Pilatus, gekreuzigt, gestorben und begraben, hinabgestiegen in das Reich des Todes, am dritten Tage auferstanden von den Toten, aufgefahren in den Himmel«.

Das Kind, dessen Geburt wir zu Weihnachten feiern, hat kein glückliches Leben gehabt. Jesus ist schon früh einmal aus dem Elternhaus ausgerissen (Lk 2,41ff). Er hat sich später Johannes dem Täufer angeschlossen und in seinem Jüngerkreis die Taufe empfangen. Irgendwann hat er sich aber auch von seinem spirituellen Lehrer getrennt und eine eigene Anhängerschar um sich gesammelt. Auf seiner Wanderschaft hat er zur Buße gerufen und das Reich Gottes so Wirklichkeit werden lassen, dass er nicht nur mit starken Sprüchen, sondern auch mit kraftvollen Heilungen operierte. Weil er die überlieferten Werte in Religion, Politik und Familie durcheinander zu bringen schien, haben seine jüdischen Glaubensgenossen ihn an die römische Besatzungsmacht ausgeliefert. Unter Pontius Pilatus, dem römischen Statthalter, ist er verhört, verurteilt und am Kreuz hingerichtet worden.

Was davon ist glaubwürdig? Dass Menschen, die etwas Neues bringen und alte Ordnungen in Frage stellen, zum Tode verurteilt werden, hatte 400 Jahre zuvor in Athen schon Sokrates erleben müssen. Dass Männer, die sich selber für den Sohn Gottes erklären oder von ihren Anhängern als göttlich verehrt werden, für verrückt gehalten, manchmal auch weggesperrt werden, passiert immer wieder. Auch die Jünger und Jüngerinnen, die für diesen Mann alles verlassen hatten, waren nach seinem Tod einigermaßen niedergeschlagen. »Wir hofften, er sollte Israel erlösen« (Lukas 24,21).

Dass die Jesus-Bewegung damals nicht zusammengebrochen ist, verdankt sie einigen merkwürdigen Erfahrungen. Frauen entdecken drei Tage nach dem Begräbnis: Das Grab des Hingerichteten ist leer (Markus 16,1ff). Und im Kreis der Anhängerschaft kommt es zu einer Vielzahl von Visionen. Paulus, der zunächst die Christen verfolgt hat, berichtet, was er nach seiner Bekehrung gehört hat, dass nämlich Christus »erschienen ist dem Kephas, danach den Zwölfen. Danach ist er erschienen mehr als fünfhundert Brüdern auf einmal, von denen die meisten noch heute leben, einige aber sind entschlafen. Danach ist er dem Jakobus erschienen, danach allen Aposteln. Zuletzt von allen ist er auch mir erschienen als einer unzeitigen Geburt« (1. Korinther 15,5-8).

Das alles klingt sehr merkwürdig. Und die näheren Umstände dessen, was damals geschehen ist, sind bis heute wissenschaftlich, historisch wie psychologisch, in jeder Hinsicht umstritten. Die Anfänge des christlichen Glaubens liegen in einem Dunkel, das kein Wissen eindeutig erhellen kann. Die Männer und Frauen haben damals auf eine Weise zum Glauben gefunden, die auch heute noch für den Eintritt in die Welt des Glaubens charakteristisch ist. Sie haben ihre merkwürdigen, sehr widerspruchsvollen Erfahrungen mit Worten der Heiligen Schrift verglichen. Und sie haben im Alten Testament entdeckt, dass in den Ereignissen, die sie so verwirrt haben, ein neuer Abschnitt der göttlichen Heilsgeschichte, eine neue Zeit für die ganze Menschheit begonnen hat. Das erste Bekenntnis, das die Christen damals zu einer neuen Gemeinschaft verbunden hat, lautet nach Paulus: »Dass Christus gestorben ist für unsere Sünden nach der Schrift; und dass er begraben worden ist; und dass er auferstanden ist am dritten Tage nach der Schrift« (1. Korinther 15,3f).

Der Glaube an die Auferstehung allein wäre vielleicht noch relativ einfach. Der Sohn Gottes hat eine zeitlang auf der Erde gelebt und ist dann in seine überirdische Heimat zurückgekehrt. So haben es sich die Gnostiker in den Anfängen des Christentums vorgestellt. Am Kreuz ist nur ein Scheinleib gestorben. Der wahre, der himmlische Christus konnte den Tod gar nicht erleiden. Ein solcher Glaube an die direkte Auferstehung wäre auch für uns nicht nur einfach, sondern auch verführerisch. Solche Gestalten kennen wir aus den Filmen: 007, Superman, Batman. Helden, die die schwierigsten Situationen meistern und die gefährlichsten Abenteuer bestehen, immer in Lebensgefahr, aber auch immer unsterblich. Verführerisch sind solche Filme, weil sie unseren Unsterblichkeitswahn unterstützen. Ich weiß, dass ich einmal sterben werde. Aber ich denke höchst selten daran und kann mir eigentlich gar nicht vorstellen, dass es mich einmal nicht mehr geben wird.

Jesus hat gelebt, Jesus ist auferstanden, aber dazwischen ist Jesus wirklich gestorben und musste deshalb begraben werden. Er ist gestorben am Kreuz, als religiöser und politischer Rebell. Sein Sterben war schrecklich. Aber eine solche Hinrichtung war auch nicht außergewöhnlich. Und unter der Folter haben andere sehr viel länger gelitten. Für Paulus liegt das Besondere dieses Sterbens, wie wir schon hörten, an einer anderen Stelle: »Christus ist gestorben für unsere Sünden nach den Schriften« (1. Korinther 15,3). Gibt es denn so etwas wie Stellvertretung im Sterben?

Dass ich in der Natur neues Leben aus altem regeneriert, das kann man sehen. Und wenn wir bei jeder Mahlzeit pflanzliches und tierisches Leben einnehmen, um uns selbst am Leben zu erhalten, dann praktizieren wir ganz selbstverständlich ein Lebensgesetz. Stellvertretung heißt dieses Gesetz, wenn es zwischen Menschen abläuft, wenn einer seine Lebenskraft, ja seine ganze Existenz für andere einsetzt. So sorgt die Mutter in und nach der Schwangerschaft für ihr Baby. Eltern arbeiten hart, weil das Kind, wie sie sagen, »es einmal besser haben soll«. In den reichen Ländern leben wir auf Kosten derer, die für einen Hungerlohn Lebensmittel und Luxusgüter zu unseren Gunsten herstellen müssen. Dass heute in unserem Land bürgerliche Freiheiten und elementare Menschenrechte geachtet werden, das verdanken wir jenen Soldaten aus den USA und der Sowjetunion, aus England, Frankreich und anderen Ländern, die für unsere Befreiung ihr Leben gelassen haben.

Jesus hat sein Leben »für unsere Sünden« gelassen. Musste das wirklich sein? Wenn Gott ein Gott voller Liebe ist, dann hätte er sein Erbarmen doch auch durch einen einfachen Akt der Vergebung, durch ein Wort der Versöhnung ausdrücken können. Warum dieses Todesurteil? Haben nicht jene gutwillen Juden und Christen Recht, die das Verfahren, das zur Hinrichtung Jesu geführt hat, nachträglich zu einem Justizirrtum erklären möchten?

Die Antworten auf solche Fragen reichen weit über den engeren Bereich der Religion hinaus. Ist das Gesetz, wie es im Alten Testament formuliert ist, sind auch die anderen Gesetze und Regeln, die es in allen Kulturen und Religionen gibt, nur beliebige menschliche Setzungen? Dann kann man sie nicht nur ändern, was immer möglich ist, sondern irgendwann auch ganz abschaffen. Oder sind sie »Ordnungen Gottes«, wie man früher gesagt hat? Heute reden wir vielleicht besser und genauer von »Strukturen«, die im Leben eingestiftet sind und die das konfliktreiche Zusammenleben regulieren helfen. Das letzte Mittel, um für einigermaßen friedliche Verhältnisse zu sorgen, ist die Strafe, mit der jede Gesetzesübertretung geahndet wird. Auch sie gehört zu den Grundstrukturen menschlichen Daseins.

»Wer Menschenblut vergießt, dessen Blut soll auch durch Menschen vergossen werden« (1. Mose 9,6). Ein Mörder will sein wie Gott. Er macht sich zum Herrn über Leben und Tod. Deshalb gibt es in Gottes Schöpfung für ihn keinen Platz. Nach dem Gesetz der Vergeltung muss er für seine Untat mit dem eigenen Leben bezahlen. Auch in der modernen Gesellschaft, in der ein Todesurteil nicht mehr gefällt und vollstreckt wird, rechnet man damit, dass der Mörder aufhören kann, als Mörder zu leben. Entweder ändert er sich im Resozialisierungsprogramm und hört also auf, sich durch Befehl oder Bestechung, durch Habgier oder Mordlust verführen zu lassen. Oder er bleibt, wenn seine Resozialisierungsprognose ungünstig ausfällt, mehr oder weniger lebenslang eingesperrt.

Das Gesetz gilt, vor Gott und den Menschen. Dass Jesus »für alle« gestorben ist, öffnet nicht die Gefängnistore, sondern den Zugang zu Gott, für jeden und jede. Auch für den abscheulichsten Kinderschänder. Das stellvertretende Sterben Jesu schafft aber auch eine Solidarität zwischen den Lebenden mit ihren guten und schlimmen Taten. Schnell ist im alltäglichen Klatsch und Tratsch ein Urteil über Abwesende gesprochen. Jedem Richter fällt es manchmal sehr schwer, ein gerechtes Urteil zu sprechen. Und ein Angeklagter braucht unter Umständen lange Zeit, um ein solches Urteil akzeptieren zu können. Jesus Christus hat das Gesetz nicht aus den Angeln gehoben, er hat es erfüllt, er ist »für uns Gottlose gestorben« (Römer 5,6).

Das Kreuz Jesu ist deshalb so etwas wie das Realitätsprinzip des christlichen Glaubens. Deshalb ist es nicht nur körperlich, sondern auch im Verstehen schwer zu ertragen. Es warnt uns vor dem Wahn der Unsterblichkeit. Es bewahrt

Das Geheimnis des Lebens

uns auch vor der Utopie, es könne auf der Erde je ein Gemeinwesen ohne Recht und Gesetz existieren. Und es macht uns darauf aufmerksam, dass Leben immer auch Stellvertretung, Hingabe, Einsatz für andere ist.

Jesus hat sein Leben gegeben. Wer ganz zu Gott gehört, hat Gott ganz und gar gehorcht. »Deshalb hat Gott ihn auch erhöht und ihm einen Namen gegeben, der über allen Namen ist: Kyrios Jesus« (Philipper 2,9). Das Kreuz Jesu ist schwer zu erfassen, weil es für uns mit unangenehmen Wirklichkeiten, mit Schuld und Sterben, verbunden ist. Die Auferstehung Jesu ist schwer zu begreifen, weil sie Phantasie-, ja Wahnelemente zu enthalten scheint.

Ein Mann ist hingerichtet und begraben worden. Das ist eine historische Tatsache, wie es unzählige andere gibt. Wenn man Glück hat, könnte man auch heute noch bei Ausgrabungen Partikel des Kreuzes finden. Und vielleicht stammt ein Leinentuch, das man in Turin besichtigen kann, sogar von seiner Bestattung. Die Tat-Sache eines solchen Fundes an sich sagt nicht viel. Auch die Anhänger dieses Mannes haben die Bedeutung seiner Hinrichtung erst nach jenen Vorkommnissen entdeckt, die sie als »Auferstehung« bezeichnet haben.

Auch die Tat-Sache der Auferstehung eines Menschen vor zweitausend Jahren würde nicht viel besagen. Sie kann historisch bestritten werden, wie es von Anfang an geschehen ist. Die Hohenpriester und Ältesten »hielten eine Beratung ab und gaben den Soldaten viel Geld und sprachen: Sagt, seine Jünger sind in der Nacht gekommen und haben ihn gestohlen, während wir schliefen« (Matthäus 28,12). Die Visionen, von denen Paulus berichtet, können psychologisch hinterfragt werden, weil in der Trauerzeit viele Hinterbliebene eine mehr oder weniger konkrete Begegnung mit dem Verstorbenen erleben. An Tatsachen steht nur so viel fest: Einige Frauen haben behauptet, das Grab des Gekreuzigten sei leer gewesen. Eine ganze Reihe seiner Anhänger haben Visionen gehabt, in denen er wieder lebendig erschien. Einige von ihnen sollen sogar seine Entrückung in die Himmelswelt miterlebt haben (Apostelgeschichte 1,6ff).

Das alles sind Berichte von Zeugen, die in die Geschichte des Jesus aus Nazareth persönlich verwickelt gewesen sind. Das macht diese Berichte nicht unbedingt glaubwürdig. Zumal auch diese ersten Zeugen ihre merkwürdigen Erfahrungen nicht einfach als normale Ereignisse im Lauf der Geschichte verstanden haben. Es ging ihnen auf, dass hier etwas »nach den Schriften« geschehen war. Das hieß für die Kreuzigung: Hier war etwas geschehen, was auch schon vorher passiert war und was immer wieder passieren würde – hier war einer für andere gestorben. Oder genauer: Hier war einer für alle gestorben. Damit war die Opfergeschichte der Menschheit zu Ende. Und das hieß für ihre Erfahrungen mit dem Auferstandenen: Hier war geschehen, was nur am Ende aller Zeiten geschehen kann. Hier war ein Toter ins Leben zurückgekehrt. Die Auferstehung Jesu Christi konnte damals und kann heute keine »Tatsache« in der Geschichte sein, weil sie das Ende aller Geschichte markiert. Wenn der Tod nicht mehr herrscht, dann ist das Reich Gottes im Anbruch. So kommt es, wie wir noch sehen werden, in den Versammlungen der Anhänger Jesu zu enthusiastischen Erfahrungen mit dem Heiligen Geist, den man im Judentum für die Endzeit erwartet hat.

Wie kommen Menschen heute dazu, die Auferstehung Jesu zu glauben? Man kann sich mit den historischen Fra-

Das Geheimnis des Lebens

gen und den psychologischen Einwänden lange auseinandersetzen. Das Schwanken zwischen fester Zuversicht und
ängstlichen Zweifeln wird kaum endgültig aufhören. Denn
es ist gar nicht klar, was dem Auferstehungsglauben mehr
widerspricht: mein Verstand oder mein Wünschen. Wenn
ich am Grab eines vertrauten Menschen stehe, dann sagt
mein Verstand: Wir werden alle wieder zu Erde. Aber meine
Wünsche sind voller Hoffnung, es möchte doch auch nach
dem Sterben weitergehen. Mein Verstand widerspricht dem,
was der Pfarrer von ewigem Leben redet: Das ist nicht wahr.
Aber auch meine Wünsche lassen mich zweifeln: Das kann
doch nicht wahr sein, dass das, wonach ich mich sehne, um
Gottes willen Wirklichkeit wird.

Wahrscheinlich gibt es nur einen Weg, um an dieses Zen-
trum der Glaubenswelt zu gelangen. »Wenn du mit deinem
Mund bekennst, dass Jesus der Herr ist, und in deinem Herzen glaubst, dass ihn Gott von den Toten auferweckt hat, wirst
du gerettet werden« (Römer 10,9). Die Kraft zum Glauben
gewinnt man, wenn man sich die Worte des Glaubens zu Herzen nimmt. Man kann sie laut sprechen. Und sollte dabei tief
atmen. Man darf sie lange in dem sterblichen Leib sich aus-
breiten lassen. Ich glaube, »was ich selbst empfangen habe:
dass Christus gestorben ist für unsere Sünden nach der Schrift;
und dass er begraben worden ist; und dass er auferstanden
ist am dritten Tag nach der Schrift« (1. Korinther 15,3f).

Diese Worte wirken, weil sie etwas anrühren, was unsere
Herzen von Anfang an füllt. Es ist die Sehnsucht nach Frieden, nach Überwindung von Trennungen, nach Versöhnung
mit Feinden, nach Vereinigung mit Gott und der Welt. Und
es ist der Wunsch nach einem Leben jenseits aller Drohungen und Gefahren, nach einem Leben jenseits von Todes-

angst. Für uns gestorben, vor uns auferstanden ist Jesus Christus. Der Wille zum Leben, der in mir steckt und uns alle treibt, ist von dem Wahn des Vertrauens auf mich und andere Menschen befreit. Mit Leib und Leben zieht mich Gott in die Ewigkeit.

Das Gebet: Das Walten Gottes

Wir leben in Gottes Zeit, in der wir sterben werden, und warten auf Gottes Ewigkeit, in die wir auferweckt werden. Zwischen Zeit und Ewigkeit rufen wir die unendliche Macht an, den Vater aller Dinge, zunächst mit drei Bitten, die sein heiliges Walten betreffen, dann gegen drei Sorgen, die unser Dasein beschweren. Dass zwischen beiden Bereichen hintergründige Verbindungslinien bestehen, wird sich zeigen.

»Geheiligt werde dein Name«.

Wie das Jenseits der irdischen Welt geschieht, ist dem Propheten Jesaja in einer Vision aufgegangen. »In dem Jahr, als der König Usia starb, sah ich den Herrn sitzen auf einem hohen und erhabenen Thron, und sein Saum füllte den Tempel. Serafim standen über ihm; ein jeder hat sechs Flügel: mit zweien deckten sie ihr Antlitz, mit zweien deckten sie ihre Füße, und mit zweien flogen sie. Und einer rief zum andern und sprach: Heilig, heilig, heilig ist der Herr Zebaot, alle Lande sind seiner Ehre voll!« (6,1-3).

Gott heiligen heißt nicht einfach: ihn für heilig halten oder seine machtvolle Heiligkeit respektieren. Das sind gedankliche Einstellungen, die nicht falsch sind, aber die das leibliche Geschehen von Heiligung noch nicht erfassen. Gottes Name wird geheiligt durch das Bekenntnis im Lobgesang, wie es bis heute in der Abendmahlsliturgie des Gottesdienstes erklingt. Wir heiligen den göttlichen Namen, wenn wir das »Heilig, heilig, heilig ist der Herr Zebaot« singen. Wir fürchten nicht nur, wir lieben nicht nur, wir bekennen seine Heiligkeit nicht nur, wir singen sie.

Den Schöpfer zu besingen, ist für die Geschöpfe ein selbstverständliches, aber für uns Menschen auch ein schwieriges Unterfangen. Denn dieser Lobgesang bezieht sich auf eine Macht, die voller Verheißungen, aber auch voller Bedrohungen steckt. »Es ist niemand heilig wie der Herr«, heißt es im Lobgesang der Hanna (1. Samuel 2,2); und das wird folgendermaßen erläutert: »Der Herr tötet und macht lebendig, führt hinab zu den Toten und wieder herauf« (2,6). Wer die Heiligkeit Gottes im Lobgesang anerkennt, der besingt eine Wirklichkeit, in der es Leben und Sterben, Höhen und Tiefen gibt.

Das Geheimnis jener Macht, die ins Leben ruft wie zum Sterben verurteilt, ist im Namen des Göttlichen konzentriert. Im Gebet, das Jesus seinen Jüngern gegeben hat, wird dieser Name nicht mehr ausgesprochen. Der Herr über Leben und Tod wird selbst um die Heiligung seines Namens gebeten. Er selbst soll dafür sorgen, dass die Macht, die sein Name enthält, sich überall durchsetzt. »Heil« haben die Deutschen zwölf Jahre lang gerufen und dann den Namen ihres damaligen »Führers« genannt. »Heil« versprechen Politiker und falsche Propheten auch sonst immer wieder. Und vieles, was an Personenkult und Starrummel abläuft, ist, obwohl man es auch nicht überbewerten sollte, mit persönlichen Heilserwartungen aufgeladen. Davon will diese Bitte uns trennen.

»Dein Name werde geheiligt« – die Bitte Gott gegenüber enthält nämlich indirekt auch ein Versprechen. Denn indem ich diesen Satz sage, werde ich zu einem Menschen, der in diesem Augenblick mit der Heiligung des göttlichen Namens beginnt. Ich kann in diesem Augenblick nicht mein Elend beklagen oder das Glück meines Lebens bejubeln. Es geht um Gottes Heiligkeit, und nur darum. Ich stimme mit diesen Worten in den Lobgesang aller Geschöpfe ein und gebe Gott jene Ehre, die er so beanspruchen kann, wie ich das tägliche Brot zum Leben brauche. Gott bleibt auch ohne meine Zustimmung eine lebendige Macht. Aber indem ich seinen Namen anrufe, seine Macht besinge, sein Geheimnis anbete, heilige ich seinen Namen um seinetwillen.

»Dein Reich komme«.

Wie das beim Auftreten Jesu geschah, hat Johannes der Täufer erfahren. Auf seine Frage aus dem Gefängnis, ob Jesus der erwartete Messias des Volkes Israel sei, erhielt er, vermittelt durch seine Anhänger, von Jesus die Antwort: »Geht und berichtet Johannes, was ihr gesehen und gehört habt: Blinde sehen, Lahme gehen, Aussätzige werden rein, Taube hören, Tote stehen auf, Armen wird das Evangelium gepredigt; und selig ist, wer nicht an mir irre wird« (Lukas 7,22f). Mit Jesus aus Nazareth hat das Reich Gottes in die Geschichte Einzug gehalten. Seine heilvollen Worte und seine machtvollen Taten sind für viele der Zeitgenossen Zeichen dafür gewesen, dass eine neue Zeit, ja dass die Endzeit begonnen hat. Matthäus hat in seinem Evangelium ganz bewusst die Sammlung der Worte (5-7) und die Zusammenstellung der Krafttaten Jesu (8-9) kombiniert und auf diese Weise deutlich gemacht, dass das alte Gesetz des Mose und die alte Macht des Todes ihre Endgültigkeit verloren haben.

Wie die Geschichte vor dem Einbruch des Reiches Gottes aussieht, haben Propheten in den letzten Schriften des Alten Testaments geschildert. In der Vision des Daniel wird die Menschheit nacheinander von vier Tiergestalten beherrscht: von einem Löwen, einem Bären, einem Panther und einem Monster, so schrecklich, dass man es mit nichts und mit niemandem vergleichen kann (Daniel 7,1ff). Erst am Schluss kommt ein Menschensohn, der vor Gott gebracht wird: »Er gab ihm Macht, Ehre und Reich, dass ihm alle Völker und Leute aus so vielen verschiedenen Sprachen dienen sollten. Seine Macht ist ewig und vergeht nicht, und sein Reich hat kein Ende. Ich, Daniel, war entsetzt, und dies Gesicht erschreckte mich« (7,14f).

Träume vom Reich hat es auch nach Jesus immer wieder gegeben. »Das dritte Reich« sollte im Mittelalter die Freiheit des Geistes bringen und wurde dann an vielen Orten zum Terror der Frommen. In Deutschland hat man unter dieser Parole eine Mischung von Rassenwahn und Weltherrschaft hergestellt. Am »Ende der Geschichte« sollte die klassenlose Gesellschaft oder der globale Kapitalismus stehen, beide erwachsen aus dem Opfer unzähliger unterdrückter und ausgebeuteter Menschen.

Wer von Gott das Kommen seines Reiches erfleht, der bittet um eine Welt, die dem Willen Gottes entspricht und die von der Macht des Bösen befreit ist. Das letzte Buch der Bibel, die Offenbarung des Johannes, die schreckliche Visionen enthält, schildert das Ende der Menschheitsgeschichte mit einer einfachen, behutsamen, fast zärtlichen Geste: »Gott wird abwischen alle Tränen von ihren Augen, und der Tod wird nicht mehr sein, noch Leid noch Geschrei noch Schmerz wird mehr sein; denn das Alte ist vergangen« (Offenbarung 21,4).

Das Reich Gottes ist die Welt ohne Sünde und Schuld, jenseits von Gut und Böse. »Der letzte Feind, der vernichtet wird, ist der Tod« (1. Korinther 15,26). Gott ist dann »alles in allem« (1. Korinther 15,28). Manchmal weinen wir voller Verzweiflung. Manchmal weinen wir aber auch, weil wir ahnen, dass alles Leid vergehen und aller Schmerz aufhören wird. In manchen Augenblicken brauchen wir Worte, um das Reich Gottes herbeizurufen. Aber gelegentlich verbinden uns auch die Tränen mit jener Macht, die alles zum Guten führt.

»Dein Wille geschehe«.

Was diese Bitte für Natur und Geschichte bedeutet, kann man im Buch des Propheten Jesaja lesen. Dort wird dem Volk Israel in der Gefangenschaft angekündigt: »So spricht der Herr, dein Erlöser, der dich vom Mutterleibe bereitet hat: Ich bin der Herr, der alles schafft, der den Himmel ausbreitet allein und die Erde festmacht ohne Gehilfen; der die Zeichen der Wahrsager zunichte macht und die Weissager zu Narren; der die Weisen zurücktreibt und ihre Kunst zur Torheit macht; der das Wort seiner Knechte wahr macht und den Ratschluss vollführt, den seine Boten verkündigt haben; der zu Jerusalem spricht: Werde bewohnt! und zu den Stätten Judas: Werdet wieder aufgebaut!, und ihre Trümmer richte ich auf; der zu der Tiefe spricht: Versiege!, deine Fluten trockne ich aus; der zu Cyrus sagt: Mein Hirte! Er soll meinen Willen vollenden und sagen zu Jerusalem: Werde wieder gebaut! Und zum Tempel: Werde gegründet!« (44,24-28).

Gott ist Herr der Welt nicht erst dann, wenn sein Reich die alte Erde ersetzt hat. Gottes Wille entscheidet schon über alles, was in seiner Schöpfung geschieht. Falsche Wahrsager werden als Lügner entlarvt. Zerstörte Städte werden wieder erbaut und besiedelt. Fremde, heidnische Könige können mit ihrem politischen Treiben letztlich nur dem göttlichen

Das Geheimnis des Lebens

Walten dienen. Was in der Weltgeschichte passiert, kann man selbstverständlich auch in der Natur entdecken. Nicht nur das Schicksal des großen Königs Kyros, sondern das Leben jedes kleinen Sperlings ist von einer höheren Macht bestimmt (Matthäus 10,29).

Der Name Gottes wird in der Schöpfung vom Lobgesang der Geschöpfe geheiligt. Das Reich Gottes bricht unaufhaltsam über die Erde herein. Der Wille Gottes geschieht, zum Heil und manchmal auch zum Unheil von Menschen. Warum beten wir um das, was auch ohne uns und unabhängig von unseren Worten geschieht? Man kann lange darüber diskutieren, ob und in welchem Sinn das Beten notwendig und erfolgreich ist. Indem wir um das Geschehen des göttlichen Waltens bitten, geschieht in uns, was unsere Worte besagen. Mit unseren Worten heiligen wir den unaussprechlichen göttlichen Namen. Wir füllen die Welt mit dem Ruf nach dem göttlichen Reich. Und wir lassen den göttlichen Willen in unserem Herzen durch unseren Mund zur Sprache kommen. Unser Bitten besteht in der Zustimmung zum göttlichen Wirken.

Ähnlich verhält es sich wohl auch mit der alten Frage nach der menschlichen Willensfreiheit. Sie wird gegenwärtig im Gespräch zwischen Vertretern von Naturwissenschaften und Philosophie wieder heftig diskutiert. In der Religion stellt sich diese Frage noch einmal radikaler, weil es dabei nicht nur um meine Fähigkeit zu bewussten Entscheidungen geht, sondern um die Möglichkeit, etwas zu wollen, was nicht so oder so, in diese oder jene Richtung vom Willen Gottes vorbestimmt ist.

»Dein Wille geschehe«. Wenn wir das sprechen, stimmen wir zu, dass Gottes Wille geschieht. Aber dass wir das sprechen können, verdankt sich selbst schon dem Einfluss des göttlichen Geistes. Paulus hat diese doppelte Perspektive, in der man unser Verhalten betrachten kann, mit den Worten zusammengefasst: »Müht euch um euer Heil mit Furcht und Zittern. Denn Gott ist's, der in euch das Wollen wie das Vollbringen wirkt zu seinem Wohlgefallen« (Philipper 2,12f).

Wenn wir beten, klären wir die elementaren Fragen des menschlichen Lebens. Wir sind dabei frei, das zu tun, was zum Leben in Gottes Schöpfung gehört. Wir wollen, dass Gottes Wille geschieht, und wir lassen mit unserem Beten diesen Willen in uns geschehen. In der Zwischenzeit zwischen dem irdischen Sterben und dem ewigen Leben bekennen wir: Sein Name ist heilig. Sein Reich ist nah. Sein Wille ist gut.

Die Rituale: Taufe und Gottesdienst

Kinder sind ein Segen. Und Kinder werden nach ihrer Geburt gesegnet. In den Kindern geht die Geschichte des Menschengeschlechts auf diesem Planeten weiter. Manche Christ/innen haben in den ersten Jahrhunderten eine Art Gebärstreik praktiziert, um die Lebenskette zu unterbrechen und das Kommen des göttlichen Reichs zu beschleunigen. Wie wirksam, aber auch wie problematisch ein solches Verhalten sein kann, zeigen heute die Statistiken zur Bevölkerungsentwicklung, die für Länder – vor allem in Mitteleuropa – eine erhebliche Abnahme der arbeitsfähigen Gruppen und damit Schwierigkeiten für die Rentenversorgung errechnen.

Weil Kinder für das Weiterleben so wichtig sind, werden sie immer gesegnet. Ihnen gilt alle Fürsorge, weil sie für den

Bestand der Gemeinschaft sorgen werden. Ob man im Christentum die Neugeborenen schon getauft hat, ist unter den Fachgelehrten umstritten. Lydia, eine Purpurhändlerin aus Thyatira, hörte die Predigt des Paulus und wurde »mit ihrem Haus getauft« (Apostelgeschichte 16,15). Ob diese Formulierung, die auch sonst begegnet (1. Korinther 1,16; Apostelgeschichte 18,8), nicht nur die Taufe von Erwachsenen, sondern auch von Säuglingen meint, ist nicht eindeutig zu klären. In der Alten Kirche hat jedenfalls lange Zeit die Praxis der Erwachsenentaufe geherrscht. Der damals übliche Ablauf kann uns wichtige Aspekte des Rituals vor Augen führen.

Vollzogen wurde die heilige Handlung in der Regel am Ostermorgen vor der versammelten Gemeinde. Hier ging es nicht um eine Familienfeier, in der der Schöpfungssegen weitergegeben wurde. Sondern hier fand die Aufnahme in den Leib Christi, in die Gemeinde der Heiligen, statt. Und der Ablauf des Rituals war nach der Struktur der Osterbotschaft gestaltet, dass nämlich »Christus gestorben ist für unsere Sünden nach der Schrift; und dass er begraben worden ist; und dass er auferstanden ist am dritten Tage nach der Schrift« (1. Korinther 15,3f). In der Taufe vollzieht sich für Paulus eine Schicksalsgemeinschaft mit Christus, die durch das Sterben ins Leben führt. »Wir sind ... begraben durch die Taufe in den Tod, damit – wie Christus durch die Herrlichkeit des Vaters von den Toten auferweckt worden ist – auch wir in einem neuen Leben wandeln« (Römer 6,4). Die Christen haben deshalb sehr früh von der »heiligen Taufe« geredet, weil diese Handlung Menschen mit der Geschichte des Gottessohnes verbindet.

Der Weg zur Taufe hat in der Alten Kirche ungefähr drei Jahre gedauert. Wer in die Gemeinde aufgenommen werden wollte, benötigte zunächst eine Empfehlung. Bürgen sollten für seine Zuverlässigkeit, vor allem für sein ernsthaftes Interesse einstehen. Sie bilden den Ursprung dessen, was heute das Patenamt heißt. Vor der Zulassung zum Taufunterricht musste der Kandidat eine Prüfung durchlaufen, die neben Fragen nach seiner Motivation vor allem Auskünfte über seine familiäre und berufliche Situation umfasste. Unter Umständen musste er Berufe, die damals als »unehrlich« galten (z.B. Soldat, Dirne, Schauspieler, Magier), aufgeben. Im Unterricht wurde er dann schrittweise in die Geheimnisse des christlichen Glaubens und in die Kunst des christlichen Lebens eingeführt. In der Osterwoche wird ihm schließlich durch den Bischof das Glaubensbekenntnis anvertraut. In der Osternacht vollzieht er die Absage an das Böse. Dann wird er im Baptisterium, einem Wasserbad, das oft in Kreuzform gestaltet ist, dreimal untergetaucht bzw. übergossen. Danach darf er dann zum ersten Mal mit der Gemeinde das heilige Abendmahl feiern.

Die Erinnerung an das altkirchliche Ritual ist deswegen notwendig, weil darin sehr viel deutlicher als in der heutigen Praxis die Bedeutung des Taufgeschehens zum Ausdruck kommt. Natürlich ist vieles von diesem Ablauf an die damalige Zeit, vor allem an die missionarische Situation gebunden. Zwischen den Gemeinden und der gesellschaftlichen Umgebung bestand eine deutliche Grenze, die man ebenso deutlich überschreiten musste. Und in der Regel gab es für den Weg in die Gemeinde keine Unterstützung aus der Familie, sondern eher Unverständnis oder gar Ablehnung. Dennoch gibt es mehrere Aspekte, die in der heutigen Taufpraxis deutlicher, als es gemeinhin geschieht, beachtet werden sollten.

Das Geheimnis des Lebens

1. Die heilige Taufe ist keine Familienfeier, sondern die Aufnahme in die Gemeinde der Heiligen. Dass man zur Kirche gehört, ist nicht selbstverständlich. Man benötigt die Bürgschaft anderer Christen. Man braucht einen Unterricht, der die biblische Überlieferung wie die Regeln des christlichen Lebens vermittelt. Und die Gemeinde, in die man hineinwachsen möchte, muss einen die ganze Zeit nicht nur mit kritischen Blicken, sondern auch mit freundlichen Gebeten begleiten.

2. Die heilige Taufe nimmt Menschen in das Ostergeschehen hinein, indem sie mit dem Einzelnen den Weg durch das Sterben ins Leben geht. Die Feier ist sicher nicht grundsätzlich an das Osterdatum gebunden. Aber im Vollzug sollten die Schrecken der Todesangst wenigstens andeutungsweise spürbar werden. Die theologische Lehre von der Taufe redet immer noch von Sterben und Wiedergeburt. Im Erleben kann das Besprengen mit einigen Tropfen Wasser aber nur als harmlos empfunden werden.

3. Die heilige Taufe ist ein Geschehen der Umkehr. Menschen wenden sich von ihren bisherigen Göttern, ihrer bisherigen Weltsicht ab. Und dem einen, einzigen, in Jesus Christus erschienenen Gott zu. Deshalb gehört in jedes Taufritual die Absage an das Böse, auch wenn man vielleicht nur im Rückblick sagen kann, wovon man sich damals trennen musste. Und im Fall der Kindertaufe wissen noch nicht einmal die Eltern, wie sich die widergöttliche Macht in der Zukunft ihrer Kinder einstellen wird. Aber auch dann sollte im Ritual deutlich werden, dass die Zuwendung Gottes immer die Abkehr von anderen Mächten einschließt.

4. Die heilige Taufe schließt eine Trennung vom Bösen ein und setzt das Bekenntnis zum christlichen Glauben voraus. In der Frühzeit der Kirche hat dieses Bekenntnis der Täufling selbst gesprochen. Seitdem die Säuglingstaufe üblich geworden ist, sollen Eltern und Paten stellvertretend für das Kind diesen Glauben öffentlich bekunden. Das bildet die Grundlage für die Hoffnung, es möchten diese Erwachsenen dem Kind auf seinem Weg durch das Leben auch bei der Entdeckung des Glaubens behilflich sein.

5. Die heilige Taufe ist ein Sakrament, das im Namen des dreieinigen Gottes vollzogen wird. Diese Aufnahme in die Gemeinde der Heiligen kann niemand durch einen späteren Austritt aus der Kirche ungeschehen machen. Der demokratische Rechtsstaat muss seinen Bürgern und Bürgerinnen diese Möglichkeit zum Verlassen einer Religionsgemeinschaft einräumen. Und die Landeskirchen haben sich damit arrangiert. Aber kein staatliches Ritual auf dem Amtsgericht oder beim Standesbeamten kann ungeschehen machen, was im religiösen Ritual aus einem Menschen geworden ist. Er ist und bleibt auf den heiligen Namen getauft. Pfarrer und Pfarrerinnen schulden den Eltern, die ein Kind zur Taufe anmelden wollen, die Information, dass hier etwas Endgültiges geschieht. Das Neue Testament redet davon in einer bedrohlichen Formulierung, die man fairerweise nicht unterschlagen sollte: »Wer glaubt und getauft wird, der wird gerettet werden; wer aber nicht glaubt, der wird verdammt werden« (Markus 16,16).

6. Die heilige Taufe verändert Menschen mit Hilfe von Wasser und Wort. Wenn der Täufling ins Wasser getaucht

oder mit Wasser besprengt wird, werden die Worte gesprochen: »NN, ich taufe dich im Namen des ...«. Wasser und Worte wirken in der Kraft des Heiligen Geistes. Das Wasser reinigt, nicht nur von Schmutz wie im Alltag, sondern von der Sünde. Die Worte, die den Namen eines sterblichen Menschen mit dem Namen der ewigen Gottheit verbinden, befreien von der Macht des Bösen und schenken die Kraft des Heiligen Geistes, der das Leben erfüllt und ein neues, heiliges Leben ermöglicht.

Was in der Taufe mit einem Einzelmenschen geschieht, das widerfährt der Gemeinde der Heiligen, zu der/die Getaufte nun gehört, in jedem Gottesdienst. Die Geschichte Jesu Christi, seine Verkündigung, seine Kreuzigung und seine Auferstehung, ist ja nicht nur in den heiligen Sakramenten weitergegangen, sondern hat Menschen durch die Jahrhunderte hin auch und vor allem durch das Wort der Predigt und die Feier des Gottesdienstes erreicht. Dass Jesus aus Nazareth trotz und wegen seiner brutalen Hinrichtung von Gott in das neue, das ewige Leben zurückgeholt worden ist, das haben vor zweitausend Jahren einige Männer und Frauen gesehen. Alle anderen haben diese Nachricht, die die Weltgeschichte und dann auch ihre eigene Lebensgeschichte verändert hat, zu hören bekommen. »Der Herr ist auferstanden! Der Herr ist wahrhaftig auferstanden!« Diese Wirklichkeit der Auferstehung Jesu Christi macht Menschen in der heiligen Taufe zu Christ/innen. Diese Wahrheit der Auferstehung Jesu Christi bestimmt am Sonntag, dem Auferstehungstag, den Gottesdienst der Gemeinde.

Deshalb folgen beide Rituale, die Taufe wie der Gottesdienst, dem gleichen Ablaufschema. Es geht um Reinigung, um Erleuchtung, um Vereinigung. Diese drei Schritte werden bei der Taufe durch die Absage an das Böse, durch das Bekenntnis des Glaubens und durch die Wasserhandlung vollzogen, in der der Täufling am Leben und Sterben Jesu Christi Anteil gewinnt. Im Sonntagsgottesdienst findet sich diese Struktur in der Abfolge von Gebets-, Wort- und Sakramentsteil.

Den Anfang jedes Gottesdienstes bilden Gebete. Man betet still, wenn man Platz nimmt. Man betet laut im gemeinsamen Singen. Und auch die ersten Worte, die der Liturg am Altar spricht, enthalten Bitten: um die Barmherzigkeit Gottes (»Herr, erbarme dich«), um die Befreiung von der Macht des Bösen, dem wir in Gedanken, Worten und Werken gefolgt sind, um die gnädige Gegenwart Gottes in allem, was nun im Gottesdienst folgen wird. Nach dieser Reinigung von unseren Alltagsproblemen soll der zweite Teil des Gottesdienstes Erleuchtung schenken. Die Lesungen aus der Heiligen Schrift und die Predigt sollen dunkle Lebenslagen aufhellen, Probleme klären helfen und Vertrauen in die Zukunft vermitteln. Die, die von den dunklen Seiten des Daseins getrennt und vom Licht der göttlichen Gnade erfüllt sind, werden im letzten Teil des Gottesdienstes zur Feier des heiligen Abendmahls eingeladen. Dort werden sie in das Geheimnis der Vereinigung einbezogen, das Menschen untereinander, aber auch mit dem Leben Gottes vereint.

3. Das Geheimnis der Vereinigung

Das Fest: Pfingsten

Zu Pfingsten hat man frei. Diesem Fest scheint jede Bedeutung abhanden gekommen zu sein. Zu den anderen großen Festzeiten suchen Menschen noch immer sehr zahlreich den Gottesdienst auf. Und Tannenbaum wie Ostereier findet man in fast jedem Haus. Sie erinnern auf ihre Weise an die Natur, in der wir unser Leben verbringen, an die Schöpfung und manchmal sogar an den Schöpfer. Zu Pfingsten fehlen solche starken Symbole, die die Menschen in unserer multikulturellen Gesellschaft zusammenschließen. Zu Pfingsten macht man keine Geschenke und sucht man nicht in Verstecken. An diesem Fest macht man das, wozu man Lust hat.

Na ja. Das muss ja nicht schlecht sein. Erste Spuren weisen in eine bestimmte Richtung. »Das liebliche Fest« nennt J. W. Goethe diese Tage in »Hermann und Dorothea«. Gesangbuchlieder bitten um der »Liebe Brunst«, die an diesen Tagen Menschen ergreifen soll. Auch in den Ritualen der Volksfrömmigkeit spielen Elemente der Fruchtbarkeit und Gesundheitsförderung eine wichtige Rolle. Die Pfingstrose (Paeonia officinalis) galt seit der Antike als Mittel u.a. gegen Dämonen, aber auch gegen den plötzlichen Kindstod. Sich am ersten Feiertag mit dem Pfingsttau zu benetzen, soll für Mensch und Tier förderlich sein. Ebenso soll das Pfingstwasser aus bestimmten Quellen für die Entwicklung von Kraft der verschiedensten Art hilfreich sein. Insgesamt sind viele Anschauungen, die zum Brauchtum des Frühlings gehören, mit dem Fest kombiniert gewesen.

Aber das meiste davon ist faktisch in Vergessenheit geraten und wird nur in den Büchern der Wissenschaftler noch aufbewahrt. Allenfalls der Pfingstochse, der früher als eine Art Opfertier durchs Dorf getrieben wurde, wird in manchen Gasthäusern noch heute serviert.

Ohne fassbare Inhalte und Symbole hat dieses Fest seine blühende Kraft verloren. Jeder muss diese Tage »nach seiner Fasson« gestalten. Pfingsten hat eigentlich aufgehört, ein wirkliches, die Menschen ergreifendes und vereinendes Fest zu sein.

Das ist zu Beginn, wie die Apostelgeschichte berichtet, ganz anders. Am ersten Pfingsten, dem 50. Tag nach dem Passafest, wurden die Anwesenden zu einer ökumenischen Gemeinschaft vereinigt: »Als der Pfingsttag gekommen war, waren sie alle an einem Ort versammelt. Da kam plötzlich ein Brausen vom Himmel wie von einem gewaltigen Sturm und erfüllte das ganze Haus, in dem sie saßen. Und es erschienen ihnen Zungen, wie von Feuer, die sich verteilten und sich auf jeden von ihnen setzten, und sie wurden alle mit dem Heiligen Geist erfüllt und fingen an, in anderen Sprachen zu predigen, wie der Geist es ihnen eingab. Es waren aber in Jerusalem Juden ansässig, die waren gottesfürchtige Männer und kamen aus allen Völkern unter dem Himmel. Als nun dies Brausen geschah, kam die Menge zusammen und wurde bestürzt; denn jeder hörte sie in seiner eigenen Sprache reden. Sie entsetzten sich aber, verwunderten sich und fragten: Sind nicht alle, die hier reden, aus Galiläa? Wieso hört jeder von uns seine eigene Muttersprache? Parther und Meder und Elamiter und wir aus Mesopotamien und Judäa und Kappadozien, Pontus und der Provinz Asien, Phrygien und Pamphylien, Ägypten und der

Gegend von Kyrene in Lybien und Eingewanderte aus Rom, geborene Juden und zum Judentum Übergetretene, Kreter und Araber: Wir hören sie in unseren Sprachen von den großen Taten Gottes reden. Sie entsetzten sich aber alle und wurden verwirrt und sagten zueinander: Was soll das bedeuten?« (2,1ff).

Zu Pfingsten werden Grenzen überwunden. Die babylonische Sprachenverwirrung findet ein Ende. Menschen aus verschiedenen Völkern, Rassen und Religionen verstehen einander. Nicht weil sie endlich begrifflich klar definieren oder persönlich authentisch kommunizieren. Sondern weil eine Kraft sie ergreift, die sie in fremden Worten reden und in vertrauten Worten hören lässt. Ein gewaltiges Brausen erfüllt die Luft, Feuerflammen züngeln im Raum – aber diese Signale einer Naturkatastrophe bewirken das Gegenteil von Zerstörung. Die gewaltige Macht des Heiligen Geistes macht die Anwesenden zur Gemeinde der Heiligen. Die einen reagieren sachgemäß und verlieren die Fassung. Andere dagegen bleiben cool und vermuten skeptisch wie spöttisch eine irdische Ursache für die erstaunlichen Wirkungen: »Sie sind voll von süßem Wein« (2,13).

Ausgehend von diesem Text aus der Apostelgeschichte bezeichnet man Pfingsten heutzutage gern als »Geburtstag der Kirche« oder »Beginn der urchristlichen Mission«. Dann wäre dieses Fest in der Tat eine rein binnenkirchliche Angelegenheit, und es gäbe keinen Anlass, diese Tage in der säkularisierten Gesellschaft besonders zu begehen. Der Ausflug in die Natur oder zu den Verwandten, den man gern unternimmt, könnte man durch private Initiative, wenn auch ohne Arbeitsbefreiung am Montag, jederzeit realisieren. Jeder feiert eben so, wie er Lust hat.

In der außerchristlichen Tradition des Festes hat man das manchmal sogar im wörtlichen Sinn verwirklicht. Das Judentum hat am »Wochenfest« die Erneuerung des Bundes zwischen Gott und seinem erwählten Volk gefeiert. Und in der jüdischen Mystik hat man sich dieses Bundesgeschehen in Analogie zur sexuellen Vereinigung vorgestellt. Die Liebeslieder des Hohen Liedes wurden einerseits auf die innergöttliche Begegnung zwischen der männlichen und der weiblichen Seite der Gottheit, andererseits aber auch auf die göttliche Einwohnung in der mystischen Gestalt Israels bezogen. Konkret praktiziert wurde dieses Geschehen dann in der ehelichen Vereinigung, die der Tora-Gelehrte mit seiner Frau in der Sabbatnacht rituell vollzog. Hier ereignete sich heilige Hochzeit in drei Dimensionen. Die Lebensfreude, die Mann und Frau biblisch einander schenken, galt als Abbild der heilsgeschichtlichen Zuwendung Gottes zu seinem Volk, aber auch als Spiegel jener ewigen Seligkeit, die das göttliche Leben in sich selbst charakterisiert.

Zur Geschichte von Pfingsten gehört also in dieser Tradition auch die Erfahrung von Lebenskraft und Lebenslust. Insofern ist das Fest der Vereinigung auch ein Fest der Verführung. Menschen werden aus der Alltagsroutine herausgerissen und geraten in eine Ekstase, in der sie die Besinnung verlieren. Dass in solchen Situationen ein Kontrollverlust droht, dass man, wie der Pfingstbericht der Apostelgeschichte zeigt, zwischen Gottes Geist und Weingeist unterscheiden muss, macht die verdeckte Pfingstgeschichte deutlich, die das Johannesevangelium erzählt.

»Und am dritten Tage war eine Hochzeit in Kana in Galiläa, und die Mutter Jesu war dabei. Jesus aber und seine Jünger waren auch zur Hochzeit eingeladen. Und als der Wein ausging, sagte die Mutter Jesu zu ihm: Sie haben keinen Wein mehr. Jesus antwortete ihr: Was willst du von mir? Meine Stunde ist noch nicht gekommen. Seine Mutter sagte zu den Dienern: Was er euch sagt, das tut. Es standen aber dort sechs steinerne Wasserkrüge für die Reinigung, wie sie bei den Juden Sitte war, und in jeden gingen etwa hundert Liter. Jesus sagte zu ihnen: Füllt die Wasserkrüge mit Wasser! Und sie füllten sie bis oben hin. Und er sagte zu ihnen: Schöpft nun und bringt's dem Tafelmeister! Und sie brachten es ihm. Als er aber den Wein kostete, der Wasser gewesen war, und nicht wusste, woher er kam – die Diener aber wussten's, die das Wasser geschöpft hatten –, rief der Tafelmeister den Bräutigam und sagte zu ihm: Jeder gibt zuerst den guten Wein und dann, wenn sie angetrunken sind, den schlechteren; du aber hast den guten Wein bis jetzt zurückgehalten. Das ist das erste Zeichen, das Jesus tat; es geschah in Kana in Galiläa, und damit offenbarte er seine Herrlichkeit. Und seine Jünger glaubten an ihn« (2,1ff).

Pfingsten ist Hochzeit des Lebens, auch im wörtlichen Sinne. Die Kraft Gottes erfüllt den menschlichen Leib. Jesus beginnt bei Johannes sein öffentliches Wirken nicht mit einem Bußruf am Rand der Wüste, sondern mitten im Leben, auf einem Fest der Vereinigung. Und er, der Außerirdische, der am Anfang und vor aller Zeit bei Gott war (Johannes 1,1), handelt scheinbar wie der göttliche Dionysos – wunderbarerweise vermehrt er den Wein und steigert auf diese Weise den Rausch.

Aber genau an dieser Stelle fällt die Entscheidung, die zum Pfingstfest gehört. Die einen nutzen die Gelegenheit zum Genuss. Sie haben frei, und sie sind so frei, und sie machen sich frei. Auch dann, wenn es heute an den Feiertagen wesentlich bescheidener zugeht, als damals bei der Hochzeit in Kana. Andere aber entdeckten bei dieser Gelegenheit die Atmosphäre der »Herrlichkeit«, die Aura, die Jesus ausstrahlt. Ihnen zeigte sich, was anderen verborgen blieb. Sie wurden zum Glauben verführt, sie »glaubten an ihn«. Auch und gerade der Glaube, der aus dem Geist Gottes in menschliche Leiber fließt, stiftet Vereinigung, mit der Gottheit, zwischen den Menschen.

»Nun bitten wir den Heiligen Geist
um den rechten Glauben allermeist,
dass er uns behüte an unserem Ende,
wenn wir heimfahren aus diesem Elende.
Kyrieleis.
Du wertes Licht, gib uns deinen Schein,
lehr uns Jesus Christ kennen allein,
dass wir an ihm bleiben, dem treuen Heiland,
der uns bracht hat zum rechten Vaterland.
Kyrieleis.
Du süße Lieb, schenk uns deine Gunst,
lass uns empfinden der Lieb Inbrunst,
dass wir uns von Herzen einander lieben
und im Frieden auf einem Sinn bleiben.
Kyrieleis.
Du höchster Tröster in aller Not,
hilf, dass wir nicht fürchten Schand noch Tod,
dass in uns die Sinne nicht verzagen,
wenn der Feind wird das Leben verklagen.
Kyrieleis« (EG 124).

Das Geheimnis der Vereinigung

Das Gebot: Die Achtung des anderen

Seit der Geburt pendelt unser Leben zwischen Trennung und Vereinigung. Wir gehen weg und kommen nach Hause. Wir geben ab und holen uns, was wir brauchen. Gerade die Sehnsucht nach Vereinigung gefährdet aber auch die Beziehungen zwischen den Menschen. Wer mit anderen zusammengehören will, kann sie für sich vereinnahmen. Wer sein Leben möglichst umfassend zu schützen versucht, möchte sich aneignen, was anderen gehört. Das Leben in der Gemeinschaft bedarf der sozialen Gestaltung. Im ersten Gebot hat der Vater des Lebens sich vorgestellt. Danach war von der Heiligung seines göttlichen Wesens zu reden. Jetzt ist zu bedenken, dass wir in unserem Leben das Recht des anderen zu respektieren haben.

»Du sollst deinen Vater und deine Mutter ehren«.

Die wichtigsten anderen Menschen sind und bleiben die Eltern. Ich bin ihr Fleisch und Blut. Ich stamme aus ihrer Liebe. Sie haben mich zur Welt gebracht und mich in der Welt beschützt und gefördert. Ohne sie wäre ich nicht am Leben. Sie haben auf ihre Weise, so gut sie es konnten, mir gegenüber »das Recht des Kindes auf Achtung« (J. Korczak) erwiesen.

Deshalb habe ich sie ein Leben lang zu ehren. Das heißt sicher nicht, dass ich ihnen für alle Zeiten gehöre und gehorche. Man muss Vater und Mutter verlassen, um sich mit einem anderen Menschen zu vereinigen, sagt schon die Schöpfungsgeschichte (1. Mose 2,24). Ja, man muss Vater und Mutter »hassen«, wenn man Jesus ernsthaft nachfolgen will (Lukas 14,26). Aber damit ist gewiss keine negative Emotion, keine Abscheu gegenüber den Eltern, keine Verachtung gemeint, sondern eine entschlossene Abwendung von der Familie und eine ebenso entschlossene Hinwendung zum göttlichen Reich. Vater und Mutter ehren, das heißt: auch in der Auseinandersetzung mit ihnen den Respekt nicht vergessen, auch nach der Trennung von ihnen Dankbarkeit üben, und auch ihre Hinfälligkeit ertragen und für sie, so gut es geht, persönlich sorgen.

Die aktuelle Frage, die sich in diesem Zusammenhang stellt, betrifft die Anrede der Eltern. In vielen Familien ist es üblich geworden, sie mit ihrem Vornamen anzureden. Das muss kein Zeichen mangelnder Ehrerbietung sein. Und auch die Wirklichkeit ihrer Elternschaft wird auf diese Weise nicht aus der Welt gebracht. Unter den Milliarden Menschen auf der Erde gibt es genau zwei, die sich von allen anderen dadurch unterscheiden, dass sie mein Vater und meine Mutter sind. Mein Verhältnis zu ihnen wird niemals so sein, wie das zu den anderen, die ich mit ihren Familien- oder gar mit ihren Vornamen anrede. Alle Probleme, die ich mit meinen Eltern gehabt habe und noch habe, können verdeckt, aber nicht ausgeräumt werden dadurch, dass ich sie beim Vorname nenne. Sie bleiben mein Vater und meine Mutter auch dann, wenn ich selbst Vater oder Mutter geworden bin. »Vater«, »Mutter« erinnern mich jeden Tag daran, dass ich mein Leben nicht mir selber verdanke.

Bei der Achtung der Eltern geht es aber nicht nur um Respekt, Fürsorge und Unterhaltspflicht, sondern um das Verhältnis zur älteren Generation überhaupt. Die Entwicklungen in Wissenschaft und Technik verlaufen heutzutage so rasant, die Ansprüche im beruflichen Leben steigen so rapide, dass die Lebenserfahrung, die alte Menschen gesammelt haben, in vielen Bereichen immer weniger zählt. Umso wich-

Das Geheimnis der Vereinigung

tiger ist die Einsicht, dass alles, was eine nachwachsende Generation entdeckt und bewegt, unvermeidlich auf dem Erbe der Alten aufbaut. Die Jungen setzen in mehr oder weniger großen Schritten fort, was die Alten im Rahmen ihrer Möglichkeiten übernommen oder neu begonnen haben. Wir sprechen, weitgehend, ihre Sprache. Wir bewegen uns meistens in ihrer Welt. Wir tragen auch, unvermeidlich, an ihrer Schuld. Wir folgen, so gut wir es können, ihnen im Glauben. Die Änderungen, die wir vornehmen, die Verbesserungen, die wir versuchen, setzen die Traditionen fort, die sie uns übermittelt haben. Auch deshalb gebührt den Vätern und Müttern in jeder Gesellschaft Respekt.

»Du sollst nicht töten«.

Alle Menschen haben ein Grundrecht auf Leben. Sie sind nach dem Willen Gottes zur Welt gekommen, und sie werden nach dem Willen Gottes wieder zur Erde werden. In der Spanne zwischen Geburt und Tod steht ihr Leben unter göttlichem Schutz. Wer in dieses Lebensrecht eingreift, begeht eine Frevel mit gefährlichen Konsequenzen für sein eigenes Leben. In der biblischen Urgeschichte heißt das Gesetz lapidar: »Wer Menschenblut vergießt, dessen Blut soll auch durch Menschen vergossen werden« (1. Mose 9,6). Nicht der Mörder, nur wer unbeabsichtigt einen Totschlag begangen hat, ist durch das Asylrecht am heiligen Ort geschützt (5. Mose 19,1ff).

Ein Mensch kann also sein von Gott garantiertes Recht auf Leben verwirken. Deshalb trifft eine andere Übersetzung den Sinn des Gebots genauer: »Du sollst nicht morden«. Dass hier nicht jedes Blutvergießen gemeint ist, dass es hier also nicht um ein generelles Tötungstabu geht, lässt sich durch viele Bibelstellen belegen. Der Mensch nach der

Sintflut darf nicht nur Pflanzen, sondern auch andere Lebewesen verspeisen (1. Mose 9,3). Zu den todeswürdigen Verbrechen zählen das Schlagen der Eltern und die Versklavung von Menschen (2. Mose 21,12ff), aber auch religiöse Vergehen wie Zauberei und die Anbetung anderer Götter (2. Mose 22,17ff). Im heiligen Krieg wird alles, was in Jericho lebt, ausgerottet, bis auf die Hure Rahab, die mit den Israeliten fraternisiert (Josua 6). Und die Offenbarung des Johannes erwartet für die Endzeit die Vernichtung aller Könige und Hauptleute und Starken (Offenbarung 19,17ff). Es ist ein brutal realistisches Bild, das die Bibel vom menschlichen Leben entwirft. Umso härter und unumstößlicher wirkt der Satz: »Du sollst nicht morden«.

Die aktuelle Frage zu diesem Gebot betrifft vor allem die Todesstrafe, die in der westlichen Zivilisation inzwischen weitgehend abgeschafft ist. Warum? Wahrscheinlich sind es drei Gründe, die hinter dieser Entwicklung stehen. Ein Staat, der sich nicht mehr religiös definiert, kann sich auch nicht mehr anmaßen, das Leben eines Menschen, der absichtlich getötet hat, durch menschliches Urteil auszulöschen. Dazu kommt die Erfahrung, die man bis heute in den USA beobachten kann, dass es gerade in diesem Bereich sehr schnell zu einer Klassenjustiz kommt. Weil Arme und Schwarze weniger Geldmittel zur ihrer Verteidigung einsetzen können, kommt es ihnen gegenüber sehr viel schneller zu einem Todesurteil. Schließlich hat sich seit der Aufklärung die Hoffnung verbreitet, es möchte auch der schlimmste Verbrecher durch strenge und geduldige Begleitung zu einem besseren Leben geführt werden können. Der Mörder würde dann allmählich innerlich sterben, und ebenso allmählich würde ein neuer Mensch sich bilden, den man dann nach zehn oder fünfzehn oder zwanzig Jahren auch wieder entlassen kann. Ansonsten läuft hinter Gittern ein lebenslanger Sterbeprozess, dem manche von sich aus ein Ende bereiten.

»Du sollst nicht ehebrechen«.

Nicht nur das Leben, sondern auch das Zusammenleben von Menschen ist schutzbedürftig. Weil das Verhältnis zwischen Männern und Frauen voller Verführungsmacht, anregend und aufregend, oft genug auch spannungsreich ist, hat sich zur Regulierung der Triebbedürfnisse in fast allen Kulturen eine Institution entwickelt, die die Beziehung zwischen den Geschlechtern sozial verträglich zu ordnen versucht. Die Formen sind variabel. Sie reichen von der Polygamie, für Männer, die mehrere Frauen haben, aber auch für Frauen mit mehreren Männern, bis zur Monogamie. Sexuelle Praxis ist, vor allem für Männer, nicht immer und überall an die Ehe gebunden. Und der Verstoß gegen die eheliche Treue kann mit Steinigung geahndet, aber auch durch Scheidung beantwortet werden.

Warum haben nicht nur die Betroffenen, warum hat auch die Gesellschaft und die Religion am Schutz der Ehe immer ein Interesse? Weil es in der Beziehung zwischen Mann und Frau nie nur um Gefühle und Lusterlebnisse geht, sondern um Entscheidungen, die das gesamte Leben in der Gesellschaft betreffen. Die Arbeit muss aufgeteilt werden, im Haushalt ebenso wie überall sonst. Die Versorgung von Männern und Frauen, von Kindern, Alten und Kranken, muss geregelt sein, zwischen der Familie und sozialen Einrichtungen. Das Verbot des Ehebruchs will sicherstellen, dass der Kern des gesellschaftlichen Lebens, der für den Fortbestand des Lebens in dieser Gesellschaft so wichtig ist, möglichst intakt bleibt.

In unserer westlichen Kultur ist die Begegnung zwischen Männern und Frauen heutzutage sehr offen gestaltet. Die Geschlechter begegnen sich in der Öffentlichkeit, am Arbeitsplatz, in der Disko. Sie flirten gelegentlich miteinander und verkehren auch sonst meistens ungebunden und ungezwungen. Bei unseren Schwierigkeiten, die sehr viel strengeren Regeln in anderen Kulturen zu verstehen, sollten wir freilich nicht vergessen, dass sich die meisten Neuerungen erst im vorigen Jahrhundert durchgesetzt haben. Wer auf alten Fotografien die Bademode vor 100 Jahren betrachtet, kann sich vorstellen, dass sich unsere Vorfahren über das Strandleben heute empört gezeigt hätten. »Oben ohne« und FKK sind ja keineswegs Ausdruck einer großen Freizügigkeit. Eher trifft das Gegenteil zu: Sie sind Ergebnis einer erheblichen Selbstkontrolle, die nicht mehr äußerlich abläuft, sondern durch innere Blockaden abgestützt ist. Eine Frau muss sich nicht mehr verhüllen, sondern kann (fast) alles zeigen, ohne dass Männer, sexuell erregt, sie bedrängen. Nur in einer Gesellschaft, in der die Menschen gezähmt sind, ist ein solches Verhalten möglich.

Was aber hat die Ehe mit dem christlichen Glauben zu tun? Für Luther und die Reformation insgesamt war die Ehe kein heiliges Sakrament wie in der römisch-katholischen Kirche, sondern eine profane Angelegenheit, die man dementsprechend überall in der Welt antreffen kann. Seine besondere religiöse Qualität gewinnt das eheliche Leben dadurch, dass Mann und Frau hier an der Weitergabe des von Gott gewollten Lebens beteiligt sind. In der sexuellen Begegnung sorgen sie dafür, dass das menschliche Leben auf diesem Planeten weitergeht. Die Ehe zielt auf Familie. Das schließt die Entscheidungsfreiheit der Eheleute, ob und wann und wie viele Kinder sie haben wollen, nicht aus. Und das ist auch kein prinzipieller Einwand gegen homoerotische Paare, die unvermeidlich kinderlos bleiben. Nicht von der Funktion, sondern von der Würde des geschlechtlichen Lebens muss man hier reden. Deshalb verlangt die Verbindung zweier Menschen die Achtung durch andere. Diese beiden haben sich zusammengetan. Sie haben sich gefunden. Sie sind einander in Liebe zugetan. Durch ihre leibliche Vereinigung erfahren Mann und Frau nicht nur den Urgrund des Lebens. Sie können sich in diesem Akt auch an der Schaffung neuen Lebens beteiligen.

Lange Zeit war die Scheidung einer Ehe für Christ/innen faktisch verboten. Dahinter stand die Aussage Jesu, der in der Bergpredigt die Möglichkeit, durch einen Scheidebrief die Ehefrau zu entlassen, schroff abgelehnt hat. Allzu schnell hat man dabei freilich übersehen, dass auch diese strenge Regelung sofort eingeschränkt wird. Die Ehescheidung wird mit dem Ehe-Bruch gleichgesetzt, es sei denn, sie erfolgt »wegen Unzucht« (Matthäus 5, 31f). Die Möglichkeit, ein zerrüttetes Verhältnis durch Scheidung endgültig aufzuheben, bleibt also auch in der Bergpredigt erhalten. Die sexuelle Untreue ist ja meist auch nicht Ursache, sondern Folge von langwierigen zwischenmenschlichen Entfremdungsprozessen. Ein absolutes, generelles Verbot der Ehescheidung, wie es manchmal in kirchlichen Kreisen behauptet wird, ist dem biblischen Denken, das mit der Hinfälligkeit alles Menschlichen rechnet, fremd.

»Du sollst nicht stehlen«.

Wie das Leben und die Ehe ist auch das Eigentum der anderen geschützt. Eine Gemeinschaft von Menschen wird dadurch zusammengehalten, dass die Unterscheidung von

Mein und Dein einvernehmlich geregelt ist. Das kann in unterschiedlichem Ausmaß geschehen. Der Gemeinschaft kann fast alles gehören und dem/der Einzelnen nur ein paar Habseligkeiten. Es kann aber auch fast alles Privatbesitz sein; und die Gemeinschaftsaufgaben müssen dann durch Steuern finanziert werden. »Stehlen« bedeutet so oder so: Eigentum, das anderen gehört, auf unrechtmäßige Weise an sich bringen.

Natürlich ist damit Diebstahl verboten. Aber das Gebot ist sehr viel weitreichender. Auch die Steuern, die man unrechtmäßig nicht zahlt, gehören einem ja nicht. Auch das Eigentum, das nach dem Grundgesetz eine soziale Verpflichtung enthält (Grundgesetz Art. 14), kann zum Diebesgut werden, wenn man dieser Verpflichtung nicht nachkommt. Ob der Mehrwert des Kapitals, dessen Wert durch die Arbeit anderer gesteigert wird, nur den Aktienbesitzern gehört, wird man fragen müssen. Ebenso ist es nicht selbstverständlich, dass das Erbe, soweit es bestimmte Grenzen überschreitet, ganz an die Erbberechtigten fällt. Es ist mit Hilfe vieler anderer Menschen erworben worden und sollte deshalb zu einem großen Teil auch wieder an die Gemeinschaft abgeführt werden. Letztlich sind alle Grundentscheidungen im Wirtschafts-, Steuer- und Erbrecht von diesem Gebot betroffen.

Das Eigentum ist geschützt. Das heißt nicht, wie es die kirchliche Tradition lange verstanden hat, dass auch die Eigentumsverhältnisse so bleiben müssen, wie sie, angeblich, immer schon waren. Bestehendes Recht darf nicht gebrochen werden. Aber es darf und muss, um bestehendes Unrecht zu beseitigen, modifiziert werden. Der Streit um die Verteilung von Eigentum und Besitz ist unvermeidlich,

Das Geheimnis der Vereinigung

aber auch legitim. Dass international wie national die Reichen immer reicher und die Armen immer ärmer werden, entspricht nicht dem göttlichen Willen. »Weh denen, die ein Haus zum andern bringen und einen Acker an den andern rücken, bis kein Raum mehr da ist und sie allein das Land besitzen!«, heißt es beim Propheten Jesaja (5,8). Nicht andere Menschen, sondern auch Geld und Besitz entwickeln eine starke Verführungsmacht, so dass man sehr schnell von Habsucht und Raffgier zerfressen wird. Nüchtern erinnert die Bibel daran, »dass der Mensch nicht vom Brot allein lebt« (5. Mose 8,3; Matthäus 4,4).

»Du sollst nicht falsches Zeugnis reden wider deinen Nächsten«.

Die Achtung des andern gilt nicht nur seinem Leben, seiner Ehe und seinem Eigentum. Sie betrifft auch und gerade sein Ehre, seinen guten Ruf, sein Ansehen in der Gemeinschaft. Dabei geht es, wie 2. Mose 23,1 sagt, nicht nur um die wahrheitsgemäße Aussage vor Gericht, sondern um die Verbreitung von falschen Informationen in der Öffentlichkeit allgemein: »Du sollst kein falsches Gerücht verbreiten, du sollst nicht einem Schuldigen Beistand leisten und kein falscher Zeuge sein«. Auch und gerade in der alten Welt hat man gewusst: Menschen benötigen zum Leben nicht nur die Geborgenheit einer Familie und die Sicherheit durch Besitz, sondern auch die Zugehörigkeit zu einer Gemeinschaft. Und die soziale Achtung, die sie dort erfahren, wird gefährdet, wenn man ihr »Image«, ihr Ansehen mutwillig beschädigt. Ein solcher Rufmord kann über private Kanäle laufen. Er kann aber auch, wie man heute immer wieder beobachten muss, durch die Massenmedien ausgelöst werden.

Wie man von anderen, aber auch von sich selbst ein falschen Eindruck gewinnt und ein falsches Zeugnis ablegen kann, zeigt die simple Anwendung tiefenpsychologischer Einsichten. Ich bilde mir dann ein zu wissen, warum ich so bin, wie ich bin, warum ich so denke, rede und handle. Ich bin durch die Eltern geprägt. Ich bin von Ängsten beeinflusst. Ich arbeite mit positiven und negativen Projektionen. Was in der therapeutischen Praxis und in der tiefenpsychologischen Theorie eingebettet ist in ein komplexes Modell von Lebenskonflikten, wird dabei reduziert auf ein paar Gesetzmäßigkeiten, die mir scheinbar alles erklären. Auch dadurch entsteht ein »falsches Zeugnis«, das das Dasein von Menschen fahrlässig vereinfacht und ihr Leben in Schablonen presst.

»Du sollst nicht begehren deines nächsten Haus. Du sollst nicht begehren deines Nächsten Weib, Knecht, Magd, Rind, Esel noch alles, was dein Nächster hat«.

Die Tendenz zur Vereinnahmung äußert sich nicht nur in der verbotenen Tat, die dem anderen das Leben, die Ehe, das Eigentum wie seine Ehre beschädigt. Die Distanz gegenüber dem anderen, die zur Achtung gehört, wird schon in Frage gestellt durch das Begehren im Herzen. Ich will unbedingt haben, was der andere hat. Selbst dann, wenn ich meinen Willen einzudämmen vermag und an das Eigentum des anderen äußerlich nicht rühre, vollziehe ich innerlich eine Grenzüberschreitung.

Ein solcher Sozialneid kann Reiche wie Arme erfassen. Bei Menschen, die ziemlich viel haben, fuhrt er dazu, dass sie immer mehr haben wollen, und zwar gerade das, was der Nachbar soeben erworben hat. Mein Haus soll immer größer, mein Auto immer schneller, meine Frau immer attraktiver sein. Auch wer einigermaßen reich ist, wird niemals mit seinem Leben zufrieden sein, wenn er sich immer an andern orientiert.

Für die Armen ist solcher Sozialneid beinahe unvermeidlich, weil ihnen schon das Lebensnotwendige fehlt. Deshalb werden die Reichen in der Bibel immer wieder davor gewarnt, Menschen ins Elend zu stoßen. Auch die »Fremdlinge«, die Ausländer also, haben ein Recht auf Versorgung, für das Gott selbst einsteht. »Die Fremdlinge sollst du nicht bedrängen und bedrücken; denn ihr seid auch Fremdlinge in Ägyptenland gewesen. Ihr sollt Witwen und Waisen nicht bedrücken. Wirst du sie bedrücken und werden sie zu mir schreien, so werde ich ihr Schreien erhören. Dann wird mein Zorn entbrennen, dass ich euch mit dem Schwert töte und eure Frauen zu Witwen und eure Kinder zu Waisen werden« (2. Mose 22,20ff). Eigener Reichtum ist deswegen gefährlich, weil er nicht nur mich selbst, sondern auch arme Andere in das Begehren treibt. Wenn die Macht der Begierde Menschen ergreift, wird Leben vergiftet und manchmal sogar vernichtet.

In der Bergpredigt hat Jesus diese Wahrheit noch radikaler formuliert. Die Verbote, die das Triebleben steuern, werden nicht nur durch die Tat, sondern schon durch Worte und Blicke übertreten, und nicht nur durch irdische Gerichtsbarkeit, sondern auch im Jüngsten Gericht bestraft. »Ihr habt gehört, dass den Alten gesagt ist: ›Du sollst nicht töten; wer aber tötet, der muss vors Gericht‹. Ich aber sage euch: Wer mit seinem Bruder zürnt, der muss vors Gericht« (Matthäus 5,21f). – »Ihr habt gehört, dass gesagt ist: ›Du sollst nicht ehebrechen‹. Ich aber sage euch: Jeder, der eine Frau ansieht, sie begehrt, hat in seinem Herzen schon mit ihr die Ehe gebrochen« (Matthäus 5,27f).

Die Regungen von Liebe und Hass, die zu jeder Beziehung zwischen Menschen gehören, indem sie für Vereinigung und Abwendung sorgen, enthalten eine Dynamik, die man kaum noch beherrschen kann. Mindestens in Gedanken formuliere ich in manchen Situationen ein böses Wort. Und mindestens das Blut gerät manchmal in Wallung, sobald einem ein attraktiver Mensch über den Weg läuft. Wenn Jesus recht hat, dann werde ich schon in solchen Momenten von der Macht des Unheimlichen und Unglaublichen attackiert. Im Hass will ich Trennung durch Mord, im lusterfüllten Blick will ich Vereinnahmung ohne wechselseitige Liebe. In den leiblichen Regungen kann ich erfahren, dass ich selbst von der Macht des Bösen besetzt bin.

Der Glaube: Geist und Kirche

Pfingsten, das Fest der Vereinigung, entfaltet in der modernen Gesellschaft keine bindende Kraft. Man genießt die freien Tage. Man tut das, wozu man Lust hat. In den Gottesdienst gehen nicht mehr Menschen als an einem gewöhnlichen Sonntag. Der »Geburtstag der Kirche« wird nur selten festlich begangen. Gibt es keinen Grund mehr, sich über die Gründung dieser Gemeinschaft zu freuen? Ist in dem, was heute »Kirche« genannt wird, zu wenig oder zu viel von dem zu finden, was im Glaubensbekenntnis behauptet wird?

»Ich glaube an den Heiligen Geist, eine heilige christliche Kirche, die Gemeinde der Heiligen«.

Die Vereinigung mit dem Heiligen Geist verbindet Gottheit und Menschheit und schafft eben dadurch unter den Menschen eine neue Gemeinschaft.

»Sie wurden alle mit dem Heiligen Geist erfüllt«, heißt es in der Pfingstgeschichte (Apostelgeschichte 2,4). Göttliche Kraft fließt in menschliche Leiber. Das ist eine Erfahrung, die man zu allen Zeiten und in sehr vielfältigen Formen gemacht hat. Der Geist Gottes gerät über David, der bis dahin die Schafe gehütet hatte, und macht ihn zum König (1. Samuel 16,13). Durch diesen Geist konnten Prophetenscharen in Verzückung geraten (1. Samuel 19,20ff). Einzelne wurden zur Bußpredigt angestoßen (Micha 1,8). Bei der Taufe Jesu schwebt der Geist Gottes in Gestalt einer Taube auf ihn herab (Matthäus 3,16). Und das Johannesevangelium vergleicht das Geschehen der Neugeburt mit einem Wettererlebnis: »Der Wind weht, wo er will« (3,8). Solche Erfahrungen kann man offensichtlich nicht selber »machen«. Es sind Widerfahrnisse, die in ein Leben einbrechen und die das Leben verändern.

Der Geist Gottes inkarniert sich bis heute. Er besetzt Herzen. Er befreit von dämonischen Ängsten und gesetzlichen Zwängen. Er treibt in Ekstase und schenkt Visionen, aber er wirkt auch in der Routine des familiären und beruflichen Alltags. Er verführt zum Glauben, manchmal durch eine gewaltige Invasion, manchmal aber auch durch eine Infiltration, die erst ganz allmählich ihre Wirkung entfaltet. Solche Lebenswenden können durch gute Worte ausgelöst werden, aber auch durch schlimme Erfahrungen, durch Krisen und Katastrophen. Wen der Geist Gottes erreicht, der wird nicht immer mit Paulus im Rückblick auf sein bisheriges Leben »Scheiße« sagen (Philipper 3,8). Aber er wird, auch wenn er kein genaues Datum für diese Änderung angeben kann, von seinem Leben behaupten: »Das Alte ist vergangen; siehe, ein Neues ist geworden« (2. Korinther 5,17).

Die atmosphärische Kraft des göttlichen Geistes löst leibliche Wirkungen aus. Ihre Reichweite ist keineswegs auf den Raum der Kirche beschränkt. Der Geist Gottes schwebte schon über dem Schöpfungsgeschehen (1. Mose 1,1). Es ist ein Geist, »der lebendig macht« (Johannes 6,63). Durch den Anhauch Gottes beginnen die ersten Menschen zu atmen (1. Mose 2,7). Und der Atem Gottes wird die Toten zum Leben erwecken (Ezechiel 37,3ff). Auch dort, wo in der Bibel vom Wort Gottes gesprochen wird, ist indirekt immer auch vom Geist Gottes die Rede; denn jedes Wort ist durch leibliche Bewegungen gestalteter Atem.

Was in der Schöpfung begonnen hat, muss durch die Erlösung erneuert werden, weil die Geister des Bösen, des Unheimlichen und Unglaublichen, das menschliche Leben weithin beherrschen. Auch ein böser Geist kann von Gott gesandt sein (Richter 9,23; 1. Samuel 16,14). Jesus treibt durch seine Worte, wie an vielen Stellen erzählt wird, die bösen Geister aus (Markus 1,34). Die Dämonen erkennen früher als seine Jünger seine göttliche Vollmacht (Markus 3,11). Deshalb warnt Paulus die Gemeinde vor der Teilnahme an nichtchristlichen Kulten. Dort werden zwar keine fremden Götter verehrt – die gibt es seiner Meinung nach gar nicht. Aber dort sind böse Geister präsent, mit denen man keinen Kontakt haben sollte (1. Korinther 10,20). Die Gemeinde muss frei bleiben vom Einfluss widergöttlicher Atmosphären und steht deshalb in einem unaufhörlichen Kampf »mit den Mächtigen und Gewaltigen, mit den Beherrschern dieser finsteren Welt, mit den bösen Geistern zwischen Himmel und Erde« (Epheser 6,12).

Weil und solange sie unter dem Einfluss des Heiligen Geistes lebt, ist sie »eine heilige christliche Kirche«. Durch den einen Geist bleibt sie untereinander verbunden, auch wenn sie sich in den zweitausend Jahren ihrer Geschichte in verschiedenen Kulturen ausgebreitet und in verschiedene Konfessionen aufgespalten hat. Ihre Einheit wird nicht durch eine gemeinsame Theologie, die dann zur Ideologie werden würde, hergestellt und auch nicht durch einzelne Personen, durch ein Oberhaupt etwa, repräsentiert. Die Einheit der Kirche fließt andauernd aus der Vereinigungskraft des einen göttlichen Geistes, der zu Pfingsten die Sprachenverwirrung unter den Menschen beendet hat und der immer wieder auch die Gedankenverwirrung durch Theologie und die Gemeinschaftsverwirrung durch Institutionen zu überwinden vermag.

Von Anfang an hat sich das kirchliche Leben in zwei Sozialformen vollzogen, die man bis heute überall antreffen kann. Zunächst bildeten sich kleine Gruppen, in denen jeder jeden kannte und in denen es auch eine Leitfigur gab. Beispiele dafür sind der Jüngerkreis, den Jesus selbst sammelte, sowie die ersten Gemeinden, die von Aposteln gegründet wurden. Heute kann man vergleichbare Strukturen vor Ort in der so genannten Kerngemeinde beobachten. Die Einheit einer solchen Gruppe ist offenkundig. Man kennt sich untereinander aus Kreisen und Gottesdiensten. Man weiß, wie man sich zu verhalten, wie man sich zu kleiden, wie man zu lächeln hat, was man sagen darf und was man besser nicht aussprechen sollte. Ein solches Milieu, wie der Fachausdruck lautet, ist angeblich für alle anderen offen. Aber faktisch verlangt es von Außenstehenden eine große Bereitschaft zur Anpassung. Man muss sich, wenn man zu dieser Gemeinschaft gehören möchte, so verhalten, so kleiden, man muss so reden, so lächeln, so werden wie die anderen.

Schon früh hat es aber auch unter den ersten Gemeinden Ansätze zur organisatorischen Vereinigung gegeben. Trotz aller Streitigkeiten zwischen den Aposteln, von denen vor allem in den Briefen des Paulus die Rede ist, wollte man offensichtlich zusammenbleiben. Dafür sorgten, wie die Apostelgeschichte berichtet, theologische Kompromisse, vor allem aber auch eine Geldsammlung für die Gemeinde in Jerusalem (15,1ff). Im Laufe der Jahrhunderte haben sich dann große Kirchengemeinschaften gebildet, zunächst durch unterschiedliche politische Entwicklungen im Westen und im Osten des Römischen Reiches, dann durch die Reformation in ihren verschiedenen Ausprägungen lutherischer bzw. reformierter Tradition. Im ökumenischen Weltrat der Kirchen sind heute diejenigen Glaubensgemeinschaften zusammengeschlossen, die sich gegenseitig als Kirche anerkennen. Daneben gibt es unzählige »Sekten« und Einzelgemeinden, die von charismatischen Führern gebildet und zusammengehalten werden. Auf dieser organisatorischen Ebene ist die Einheit der Kirche nicht mehr zu fassen. An ihre Stelle ist die Einigkeit in Fragen der theologischen Lehre und der gottesdienstlichen Gestaltung getreten, immer aber in mehr oder weniger engen Grenzen.

Kirche existiert empirisch in den Milieus von Ortsgemeinden und in der Organisation von Landeskirchen. Beides ist notwendig. Es kann keine »Gemeinde der Heiligen« geben, die sich nicht in persönlichen Begegnungen und in sozialen Strukturen manifestiert. Aber beides garantiert auch noch nicht, dass eine Gemeinschaft, die sich selbst Kirche nennt, wirklich Kirche als Gottesgemeinschaft ist. Kirche entsteht und lebt und wirkt dort, wo in den Gottesdiensten der Gemeinde und in der spirituellen Praxis der Einzelnen

Das Geheimnis der Vereinigung

der Geist Gottes Einfluss gewinnt. Er allein verbindet auch die konfessionell und persönlich höchst unterschiedlichen Lebensformen des Christentums zur Einheit der Kirche.

Der Einfluss des Heiligen Geistes sorgt aber nicht nur für die Einheit, sondern auch für die Heiligkeit von Kirche. Gerade das unterscheidet sie von allen anderen Gruppen und Gemeinschaften, von allen Vereinen, Betrieben, auch von allen politischen Gebilden. Durch die Vereinigung mit dem heiligen Gott wird diese Gemeinschaft geheiligt. Die Menschen, die sich hier zusammenfinden, sind keineswegs immer moralische Vorbilder oder Glaubenshelden. Schon in den ersten Jahrzehnten ist in und zwischen den Gemeinden, wie man im Neuen Testament nachlesen kann, heftig gestritten worden. Auch und gerade in der Kirche haben die Geister des Unheimlichen und Unglaublichen immer wieder gewirkt und gewütet. Christen sind auch nur Menschen. Das kann man so sagen. Aber man sollte sofort genauer formulieren: Christen sind und bleiben sündige Menschen, die aus der Gnade Gottes leben. Sie erfahren den Einfluss des Heiligen Geistes durch die Worte der Heiligen Schrift, in der Feier der heiligen Sakramente und in der Kraft zu einem Leben in Glaube, Liebe und Hoffnung.

»Aber die Liebe ist die Größte unter ihnen«, heißt es bei Paulus (1. Korinther 13,13). Weil sich die Gottheit im Heiligen Geist mit einem menschlichen Leib vereinigt, wird der Vereinigungswunsch, der die Schöpfung durchzieht und der auch das menschliche Leben bestimmt, verstärkt und erneuert. »Das Band« (K. Lorenz), das Lebewesen zusammenführt, findet man in zahlreichen Varianten. Es wirkt im Fortpflanzungstrieb wie in der sexuellen Lust. Es zielt auf die Erhaltung der eigenen Art wie der eigenen Gene. Es sorgt für das Wohlergehen der Neugeborenen wie der Altgewordenen in der Familie. Es äußert sich in Sympathie, in Kooperationsfähigkeit, aber auch in Machtansprüchen und Vergewaltigungswünschen. Liebe ist auch Passion, Leidenschaft, die Leiden schafft.

Jene Liebe, die bei Paulus mit Glaube und Hoffnung zusammen erscheint, ist noch weiträumiger. Sie stammt aus dem Einfluss des Heiligen Geistes und reicht bis zur Annahme des menschlichen Feindes. »Ihr habt gehört, dass gesagt worden ist: ›Du sollst deinen Nächsten lieben und deinen Feind hassen‹. Ich aber sage euch: Liebt eure Feinde und bittet für die, die euch verfolgen, damit ihr Kinder eures Vaters im Himmel seid. Denn er lässt seine Sonne aufgehen über Böse und Gute und lässt es regnen über Gerechte und Ungerechte« (Matthäus 5,43ff). Diese Liebe ist mehr als ein Trieb oder ein Gefühl, sie ist eine »Himmelsmacht«, eine göttliche Energie. Sie bildet den Weg, den Jesus Christus gegangen ist. Sie zeigt sich in Hingabe, Opfer, Leidensbereitschaft. Sie ist nicht blind und nicht blöde. Sie weiß um die Bosheit, die menschliche Herzen beherrschen kann. Sie rechnet aber auch mit dem Lohn, den Gott den Seinen verspricht. Sie liebt den heiligen Gott, das Leben, den Nächsten, den Feind und sich selbst. Genau deshalb ist der Glaube eine Verführung, eine Verführung zum Leben.

Die Verführungskraft dieser Liebe kann auch gefährlich werden, und zwar dann, wenn sie sich von der Bindung an den Geist Gottes befreit. Sie wird dann von den eigenen Wünschen und Ängsten besetzt und will das schaffen, was nur die Kraft Gottes zu schaffen vermag: den neuen Menschen. Die Erziehung will dann aus den Kindern etwas machen, was sie von sich aus nicht sind. In den Beziehun-

gen zwischen Erwachsenen soll der/die andere dem Idealbild entsprechen, das ich in mir trage. Besonders schlimm
wird die Absicht, den neuen Menschen ohne das Wirken des
göttlichen Geistes herzustellen, in Religion und Politik.
Andersdenkende werden dann verketzert. Andersgläubige
werden ausgestoßen, manchmal sogar verbrannt. Wer zu
einer anderen Rasse oder Klasse gehört, wird unterdrückt.
Behinderungen müssen vor der Öffentlichkeit versteckt, am
besten schon vor der Geburt aussortiert werden. Die biologische Züchtung, die politische Durchsetzung, die religiöse Bildung von »neuem« Leben kann terroristische Züge
annehmen, wenn Menschen, die sich selbst für gut, fromm
und gerecht halten, ein solches Projekt in die eigenen Hände
nehmen.

Gottes Liebe erreicht jeden Menschen, so wie er ist, und
Gottes Geist verändert ihn so, wie er sein soll. Kein Mensch,
keine Wissenschaft, kein Staat, keine Kirche darf sich in diesen Prozess mutwillig, aber letztlich eigenmächtig einmi-
schen wollen. Im Kontakt mit anderen und in der Arbeit an
sich selbst kann man dem göttlichen Wirken immer nur
vorsichtig, mit starkem Gebet und feinem Gespür, zu dienen versuchen. Nur mit Hilfe des göttlichen Geistes kann
in mir selbst und kann in anderen Menschen ein neues Leben
entstehen.

Dass Spuren der Liebe nicht nur in der Kirche, sondern
in der ganzen Schöpfung zu finden sind, kann eine rätsel-
hafte Lehre des christlichen Glaubens verständlich machen.
Auf das Pfingstfest folgt »Trinitatis«, ein Sonntag, ein einfacher Sonntag, der dem Geheimnis des innergöttlichen Lebens
gewidmet ist. Die theologische Formel lautet: Der heilige
Gott lebt in der dreifaltigen Einheit von Vater, Sohn und Hei-

ligem Geist. Diese Lehre unterscheidet das Christentum von den anderen Religionen im Gefolge der abrahamitischen Tradition, vom Judentum wie vom Islam, aber auch von jedem philosophischen Monotheismus. Auch in der Kirche ist sie immer wieder umstritten oder wird sie mindestens an den Rand gedrängt. Sie ist nicht direkt biblisch begründet und in den Einzelheiten ziemlich spekulativ.

Mit einer anderen Triade haben viele Zeitgenossen meistens weniger Schwierigkeiten. Seit S. Freud hat sich die Annahme durchgesetzt, unser Innenleben sei durch die Spannungen zwischen dem Ich, dem Es und dem Über-Ich bestimmt. Niemand hat diese psychischen Faktoren je gesehen oder sonstwie empirisch verifiziert. Freud hat dieses Modell aus den Erfahrungen seiner therapeutischen Praxis entwickelt. Die hypothetische Konstruktion sollte helfen, die einzelnen Erfahrungen in einen theoretischen Rahmen zu fassen und auf dieser Basis für die klinische Arbeit wirklichkeitsgerechte Methoden zu entwickeln.

Ähnlich kann man sich auch die Ausbildung der kirchlichen Trinitätslehre vorstellen. Mit dem Göttlichen kann man Erfahrungen machen in der Natur, in der zwischenmenschlichen Begegnung, in der eigenen Seele. Wirken in diesen verschiedenen Bereichen unterschiedliche Götter? Oder ist es ein Gott, aus dem alle Wirklichkeit stammt, von dem alle Wirklichkeit bestimmt ist und zu dem alle Wirklichkeit führt? Die Trinitätslehre versucht, die Einheit des göttlichen Daseins und die Vielfalt möglicher Gotteserfahrungen im Denken mit dem Ziel der Anbetung zu vereinen.

Sie wirkt spekulativ, solange wir sie allein im Kopf zu begreifen versuchen. Sie ergreift unsere Herzen, wenn wir uns mit unserem Leib in der Anbetung auf sie einlassen. Wir

Das Geheimnis der Vereinigung

stehen dann zwischen Himmel und Erde und loben den einen Gott, »der über allen und durch alle und in allen ist« (Epheser 4,6), den Vater, den Sohn und den Heiligen Geist. Auch sündige Menschen dürfen sich selbst vergessen, um durch die Anbetung des heiligen Gottes von der Macht des Bösen befreit zu werden.

Das Gebet: Die Bewahrung des Lebens

Der Wunsch nach Vereinigung, der das Leben durchzieht und jede Person mit Gott und der Welt und anderen Menschen verbindet, enthält unter dem Einfluss des Bösen immer auch eine lebensbedrohliche Tendenz. Oft wird Vereinigung auf Vereinnahmung zielen, durch Missbrauch des göttlichen Namens, durch Ausbeutung der Natur, durch Beherrschung von Menschen. Deshalb wollen die Bitten im Vaterunser nicht nur die Heiligung Gottes erreichen, sondern auch die Bewahrung des Lebens. Erstaunlicherweise braucht es nur drei elementare Gegebenheiten, um uns für Zeit und Ewigkeit zu beschützen. Gottes Name soll alltäglich geheiligt werden – wir brauchen jeden Tag unser Brot. Wenn Gottes Reich kommt, dann muss unsere Schuld verschwinden – und zwar durch den Akt der Vergebung. Der Wille Gottes, der die Welt regiert, soll uns vor und in den gefährlichen Momenten der Versuchung behüten.

»Unser tägliches Brot gib uns heute«.

Mit diesen Worten bitten wir um alles, was unser Leib zum Leben benötigt. Es geht also nicht nur um Essen und Trinken, sondern auch um Kleidung und Wohnung, um Arbeit und Anerkennung, um Freiheit und Frieden. In jedem Stück Brot, das wir verzehren, ist ja eine ganze Welt konzentriert. Die Arbeit von Menschen, die Witterung in der Natur, die Entwicklung der Wirtschaft, das Verhältnis zwischen reichen und armen Ländern, die Entdeckung neuer Dünge- und Konservierungsmittel – all das beeinflusst den Preis, den Geschmack, die Bekömmlichkeit dessen, was wir jeden Tag zu uns nehmen. Insofern bitten wir im Herrengebet immer auch um »Brot für die Welt«.

Merkwürdig klingt die Begrenzung der Bitte. Sie will Brot nur für »heute«. Versicherung, aber auch Liefer- und Tarifverträge schließt man in der modernen Gesellschaft für längere Fristen ab. Selbst wenn, wie manche Ausleger meinen, mit dem Wort »täglich« das Brot für morgen gemeint sein sollte, führt uns die Bitte in die Lebenshaltung von Tagelöhnern zurück. Es ist gut, heute zu wissen, dass man auch morgen wieder Arbeit und Brot finden wird.

In einer Marktwirtschaft, in der es immer noch viele Sicherheiten, aber für immer mehr Menschen auch wachsende Unsicherheiten gibt, nehmen wir mit dieser Bitte die bleibende Abhängigkeit unseres Lebens ernst. Unfall und Krankheit, Naturkatastrophen, Wirtschaftskrisen und Seuchen können unsere Lebensbedingungen von heute auf morgen total verändern. Jeden Tag neu sind wir auf Gottes »Wohlgefallen« angewiesen. Und jeden Tag neu bitten wir deshalb um jenen Segen, der uns mit allem, was man zu einem einfachen Leben braucht, beschenkt.

»Und vergib uns unsere Schuld, wie auch wir vergeben unsern Schuldigern«.

Um weiterleben zu können, benötigen wir nicht nur die Gabe von Brot, sondern auch die Vergebung von Schuld. Die Last der Vergangenheit muss von uns genommen werden. Wie wichtig das ist, erfahren die meisten in einer Bezie-

Das Geheimnis der Vereinigung

hung. Zwei Menschen können sich am Abend nicht näher kommen, sie können manchmal noch nicht einmal einschlafen, wenn der Streit, der zwischen ihnen tagsüber gewütet hat, noch immer schwelt. In dem klärenden Gespräch, das notwendig ist, wird es nur dann zu einer Versöhnung kommen, wenn man nicht nur »Klartext« miteinander zu reden versteht. Man muss irgendwann aufhören können, nur dem bzw. der anderen Vorwürfe zu machen, und anfangen, auch die eigenen Fehler zuzugeben. Vergebung ist ein Geschehen im Austausch. In den Streitritualen tauschen Menschen Vorwürfe aus, in den Phasen der Annäherung kommt es zum wechselseitigen Eingeständnis eigener Schuld.

Die Vergebung »im Namen Gottes« hat früher meist in der Beichte stattgefunden. Für moderne Protestanten scheint das eine typisch römisch-katholische Einrichtung zu sein. Aber M. Luther ist sein Leben lang jeden Tag zur Beichte gegangen. Und in der Gegenwart entdecken immer mehr Zeitgenossen, dass ihnen, um ein neues Leben beginnen zu können, ein solches gewissermaßen »amtliches« Ritual hilft. Was geschieht in der Beichte?

Ein Mensch leidet unter dem, was er gerade oder vor langer Zeit Böses getan hat. Er vertraut seine Schuld einem Pfarrer, einer Pfarrerin oder irgendeinem anderen vertrauenswürdigen Christen an. Er bekennt sie, er bereut sie. Und er ist bereit, für die Folgen so oder so gerade zu stehen. Er spricht sich mit dem Betroffenen, wenn das noch möglich ist, aus und vergibt seinerseits. Er übernimmt Folgekosten der verschiedensten Art. Er zahlt Entschädigungen. Er stellt sich dem irdischen Richter.

Aber in der Mitte der Beichte, zwischen Schuldbekenntnis und Sühneakten, steht die Vergebung, jetzt nicht wie im privaten Bereich die Verzeihung zwischen zwei Menschen, sondern die Vergebung im Namen Gottes. Weil jeder Christenmensch seit seiner Taufe zur Priesterschaft Gottes gehört, kann jeder und jede die entscheidenden Worte verwenden: »Ich spreche dir anstatt und auf Befehl unseres Herrn Jesus Christus die Vergebung deiner Sünde zu im Namen ...«. Durch diese Worte wird ein Mensch vor Gott frei von allem, was er getan hat, und sei es noch so unmenschlich und widergöttlich. Es wiederholt sich, was er in der Taufe erfahren hat: »Das Alte ist vergangen; siehe, ein Neues ist geworden« (2. Korinther 5,17).

Bis man diese Worte einem anderen zusprechen darf, wird unter Umständen viel Zeit vergehen. Denn man kann eine Schuld nur vergeben, wenn der andere sie als Schuld übernommen hat. Diese Auseinandersetzung mit sich selbst darf man niemandem ersparen. Und dass der so vor Gott Freigesprochene sich alsbald seinem irdischen Richter stellt, wenn es sich um ein strafwürdiges Vergehen handelt, ist selbstverständlich. Er wird seine neue Freiheit von der Schuld dadurch bewahren, dass er sich vor den menschlichen und rechtlichen Folgen seiner Verschuldung nicht drückt. Die Beichte ist kein Weg, um Untaten zu vertuschen oder um Strafe zu vermeiden. Indem sie die Gnade Gottes zuspricht und die Angst vor dem göttlichen Richter nimmt, verleiht sie den Mut, sich irdischen Instanzen zur Bestrafung oder zur Begnadigung zu stellen.

»Und führe uns nicht in Versuchung«.

Wer seine Schuld losgeworden ist, kann befreit in die Zukunft blicken. Weil keiner in vollkommener Freiheit lebt, wird jeder auch weiterhin ständig Einflüssen von außen und Regungen im Innern ausgesetzt sein. So bleibt seine Freiheit gefährdet. Wir können jeden Augenblick in Versuchung geraten. Wir können etwas denken, wünschen, sagen oder tun, was nicht gut, sondern böse ist. Das Unterscheidungsvermögen, das die menschliche Gattung auszeichnet, droht in diesen Momenten verloren zu gehen. Was wir bei anderen immer verurteilt haben, tun wir, vielleicht nach einigem Widerstreben, selbst.

In der Versuchung begegnet die negative Variante der Verführung. Die Versuchungsgeschichte Jesu, die Matthäus erzählt (4,1ff), zeigt, an welchem Punkt Menschen besonders anfällig sind. Der Versucher probiert es zunächst mit dem Selbstwertgefühl: »Bist du Gottes Sohn, so spricht, dass diese Steine Brot werden« (4,3). Als Jesus ablehnt, bekommt er auf dem Dach des Tempels einen Bibelspruch zu hören: »Bist du Gottes Sohn, so wirf dich hinab; denn es steht geschrieben: ›Er wird seinen Engeln deinetwegen Befehl geben; und sie werden dich auf den Händen tragen‹« (4,6). Als auch das nichts hilft, zeigt der Versucher, worum es eigentlich geht: »Dann führte ihn der Teufel mit sich auf einen sehr hohen Berg, zeigte ihm alle Reiche der Welt und ihre Herrlichkeit und sagte zu ihm: Das alles will ich dir geben, wenn du niederfällst und mich anbetest« (4,8f).

Die Versuchung verführt zum Missbrauch von Macht. Politische Entwicklungen haben Goran J., der bis dahin ein friedlicher junger Serbe war, dazu gebracht, muslimische Nachbarn kaltblütig zu erschießen. Ähnlich haben unzählige Menschen im Krieg, im Konzentrationslager, in Gefängniszellen gewütet. In einem berühmten wissenschaftlichen Experiment waren normale Zeitgenossen ohne weiteres bereit, anderen um des wissenschaftlichen Fortschritts willen erhebliche Schmerzen zuzufügen. Aber nicht nur durch Politik und Wissenschaft werden wir zum Missbrauch von Einflussmöglichkeiten verführt. Auch im Alltag, im Umgang mit der Familie, im Verhältnis zu Kollegen und Untergebenen offenbart sich moralische Schwachheit. Die Menschen haben es geschafft, durch die Unterscheidung von Gut und Böse wie Gott zu werden. Dass wir diese Unterscheidung in vielen Situationen vergessen, zeigt, wie ohnmächtig wir gegenüber der Versuchung geblieben sind.

»Sondern erlöse uns von dem Bösen«.

Davor, dass wir in Versuchung geraten und auch davor, dass wir der Versuchung erliegen, kann uns nur der Geist Gottes bewahren. Die endgültige Befreiung von aller Versuchlichkeit wird erst geschehen, wenn wir aus dem Leiden dieses Lebens errettet werden. Ausgerechnet die Macht, in der sich das Böse überall manifestiert, ausgerechnet der Tod, muss uns zur Rettung von der Macht des Bösen verhelfen. »Der letzte Feind, der vernichtet wird, ist der Tod« (1. Korinther 15,26). Jetzt noch bedroht er jedes Leben mit der Vernichtung. Jetzt noch verstrickt er Menschen in Hass und macht sie zu Feinden. Jetzt noch stürzt er Glaubende in Anfechtung und Verzweiflung, aber auch in Hochmut und Selbstgerechtigkeit.

Gerade Paulus, der das religiöse Gesetz erfüllt hat, muss klagen: »Ich elender Mensch! Wer wird mich erlösen von diesem todverfallenen Leib?« (Römer 7,24). Im Leben bedroht mich »die Macht der Finsternis« (Kolosser 1,13). Nach dem Sterben erwartet mich »das kommende Zorngericht« (1. Thessalonicher 1,10). Nach der Erlösung von dem Bösen rufe ich voller geistgewirktem Vertrauen: »Dank sei Gott durch Jesus Christus, unserem Herrn« (Römer 7,25). Seit der Taufe sind wir mit Christus im Leben und durch das Sterben hindurch vereint: Wir sind nämlich »mit ihm begraben durch die Taufe in den Tod ... Sind wir aber mit Christus gestorben, so glauben wir, dass wir auch mit ihm leben werden« (Römer 6,4 und 8). Deshalb kann uns der letzte Feind nicht vernichten. Der Tod wird uns durch das Sterben hindurch ins Leben bringen.

Die Rituale: Die Hochzeit und das heilige Abendmahl

Der Geist der Liebe führt Gott und Mensch, aber auch Menschen untereinander zusammen. Hingabe verwirklicht sich nicht nur im stellvertretenden Opfer wie am Kreuz Jesu Christi, sondern auch in der leiblichen Vereinigung. Deshalb zieht der Epheserbrief eine erstaunliche Parallele zwischen der Partnerschaft in der Ehe und der Christusbeziehung im Glauben.

»Ihr Männer, liebt eure Frauen, wie auch Christus die Gemeinde geliebt und sich selbst für sie dahingegeben hat, um sie zu heiligen. Er hat sie gereinigt durch das Wasserbad im Wort, um sie als seine Gemeinde vor sich zu stellen in herrlichem Schmuck, ohne Flecken oder Runzel oder etwas dergleichen, vielmehr heilig und untadelig. So sollen auch die Männer ihre Frauen lieben wie ihren eigenen Leib. Wer seine Frau liebt, der liebt sich selbst. Denn niemand hat je seinen eigenen Leib gehasst; sondern er nährt und pflegt ihn, wie auch Christus die Gemeinde. Denn wir sind Glieder seines Leibes. ›Darum wird ein Mann Vater und Mutter verlassen und sich an seine Frau binden, und die zwei werden ein Leib sein‹ (1. Mose 2,24). Dies Geheimnis ist groß; ich aber deute es auf Christus und die Gemeinde« (5,25ff).

Die leibliche Vereinigung zwischen Mann und Frau sowie zwischen Christus und der Gemeinde ist in zwei Ritualen gestaltet. Die Hochzeit scheint, mindestens im Protestantismus, ein ganz profanes Geschehen zu sein. Und das Abendmahl auf der anderen Seite ist für viele ein so heiliges Sakrament, dass sie sich nicht daran beteiligen. Im römischen Katholizismus dagegen sind beide Rituale auf zweifache Weise miteinander verbunden. Auch die Ehe gilt als ein Sakrament, das sich die Eheleute wechselseitig spenden. Und zur Eheschließung gehört nicht nur ein Gottesdienst, in dem man den göttlichen Segen empfängt; vielmehr wird in der so genannten »Brautmesse« immer auch die Eucharistie gefeiert. Wir bleiben mit den folgenden Überlegungen im Rahmen der reformatorischen Tradition.

Unter den zentralen kirchlichen Ritualen wurde die Trauung erst relativ spät eingeführt. Jahrhundertelang war es ein rein zivilrechtlicher Akt, der zwischen den beteiligten Familien ausgehandelt wurde – bis heute spielt die Höhe der Mitgift in manchen Kreisen ja eine wesentliche Rolle. Die Vereinbarungen gingen damals sehr oft zu Lasten der Braut, die von der Entscheidung des Vaters abhängig war und die Zustimmung zu dessen Wahl nicht verweigern konnte.

Erst im Mittelalter mischte sich in die Eheschließung eine dritte Instanz ein: die Kirche. Ihr Repräsentant, ein Priester oder ein Mönch, fragte die Brautleute nun ausdrücklich nach ihrem Willen. Die junge Frau gewann damit die Möglichkeit, »Nein« zu sagen, auch wenn als Alternative zum abgelehnten Bräutigam damals nur das Kloster in Frage kam. In alten Trauritualen wird den beiden bis heute ja nicht nur die Frage nach ihrem Willen gestellt, sondern auch ein eventuell bestehender Zwang ermittelt: »Bist du freiwillig gekommen?«

Wer sich trauen lässt, hat Vertrauen. Zwei Menschen wollen dann nicht nur in einer Beziehung leben, sondern ein Paar bilden, und zwar für den Rest ihres gemeinsamen Lebens. Die Vereinigung zu einem Paar mit diesem einen, anderen Menschen schließt zahlreiche Trennungen und die damit verbundenen Trennungskonflikte ein. Eltern trauern nicht nur, sondern wollen manches Mal ihren Einfluss auf die beiden behalten. Die Freundeskreise, in denen beide vorher gelebt haben, können sich zu Konkurrenten entwickeln. Erst recht muss zu den früheren Partnern, die heute teilweise sogar zur Hochzeit geladen werden, eine klare Abgrenzung vollzogen sein. Auch deshalb wird eine Trauung in der Öffentlichkeit vollzogen.

Im Traugottesdienst wiederholen die beiden vor Gott und der versammelten Gemeinde, was sie vorher schon auf dem Standesamt als ihren gemeinsamen Willen bekundet haben: Die Gemeinschaft von Tisch und Bett soll dauern, »bis dass der Tod sie scheidet«. Die Schwierigkeiten, die manche mit dieser Traufrage haben, ergeben sich oft aus einem ungenauen Verständnis der Worte. Hier wird kein Versprechen geleistet. Die Frage lautet nicht: »NN, versprichst du ...«. Vielmehr wird eine Absicht, ein fester Wille geäußert: »NN, willst du NN, die/den Gott dir anvertraut, als eine Ehefrau/deinen Ehemann lieben und ehren und die Ehe mit ihr/ihm nach Gottes Gebot und Verheißung führen – in guten und in bösen Tagen –, bis der Tod euch scheidet, so antworte: ja, mit Gottes Hilfe«.

Weil es nicht selbstverständlich ist, dass der beste Wille für alle Schwierigkeiten des gemeinsamen Lebens ausreichen wird, erhält man im Traugottesdienst etwas, was über die guten Wünsche des Standesbeamten hinausgeht: den

Segen Gottes. Er liefert die Kraft, trotz aller Trennungstendenzen, die sich im Laufe der Jahre einstellen werden, zusammenzubleiben. Dass das gemeinsame Leben nicht nur aus glücklichen Tagen besteht, das kann man bei vielen anderen Paaren entdecken. Oft heiraten Menschen in der Hoffnung, vielleicht sogar mit der Illusion: Wir werden es anders, wir werden es besser machen. In den alten Agenden war deshalb ganz realistisch auch vom »Kreuz der Ehe« die Rede. Die beiden müssen sich darauf einstellen, dass zum gemeinsamen Leben nicht nur das »Lieben und Ehren«, sondern manchmal auch einfach das »Ertragen« gehört.

Diese dunklen Seiten der lebenslangen Vereinigung werden im Gottesdienst angesprochen – im anschließenden Fest darf man sie zunächst einmal vergessen. Die Hochzeit ist das Fest des Lebens. Zwei Menschen haben sich gefunden, sind einander so zugetan, dass sie ihr weiteres Leben gemeinsam gestalten wollen. Und irgendwann müssen sie miteinander auch klären, ob sie das Leben, das sie empfangen haben und nun miteinander teilen, an ein gemeinsames Kind weitergeben wollen.

Weil in der Hochzeit das Leben gefeiert wird, die Vereinigung zweier Menschen, der Segen, der Fruchtbarkeit fördert, wird die Hochzeit im Neuen Testament an vielen Stellen zum Gleichnis für das Reich Gottes. Zu einer königlichen Hochzeit werden die Menschen durch die Boten Gottes geladen (Matthäus 22,1ff). Auf einer Hochzeit entdecken die Jünger Jesu den Glauben (Johannes 2,1ff). Wenn der himmlische Bräutigam kommt, wird sich zeigen, wer auf ihn wirklich gewartet hat (Matthäus 25,1ff). In der leiblichen Vereinigung zwischen zwei Menschen spiegelt sich jene Lust des Lebens, die das Reich Gottes, die andere Welt, vollkommen erfüllt.

Deshalb wird es dort eine Vereinigung zwischen Mann und Frau nicht mehr geben (Markus 12,25).

Die leibliche Vereinigung, die Menschen zusammenführt, hat ihre religiöse Entsprechung im Sakrament des heiligen Abendmahls. Dort findet keine genitale Beiwohnung statt, sondern eine orale Einnahme. Aber die Leiblichkeit des Geschehens ist beiden Handlungsformen gemeinsam. Das unterscheidet das Abendmahl von den göttlichen Worten, die mich beim Hören erreichen, und auch von der Kraft des göttlichen Geistes, der mich, unfassbar, aber höchst wirksam in manchen Momenten erfüllt. Im Abendmahl nehme ich materiell Göttliches ein, mit meinem Mund, der ansonsten irdische Nahrung zum Erhalt meiner Lebenskraft braucht.

Wie bei der Hochzeit gehört auch zum Ritual des heiligen Abendmahls ein Trennungsvorgang. Zunächst müssen die Menschen, die daran teilnehmen, vom Einfluss des Bösen befreit werden. Deshalb ist man früher am Tag vorher zur Beichte gegangen. Und auch heute sollte in einem Abendmahlsgottesdienst zu Beginn ein allgemeines Sündenbekenntnis gesprochen und eine deutliche Sündenvergebung verkündigt werden.

Aber wir müssen in dieser Situation nicht nur von unserer Schuld befreit, sondern auch aus unserer Alltagswirklichkeit herausgeführt werden. Deshalb gehört zu dieser Feier eine Etappe, die man als verdeckte Himmelsreise bezeichnen kann. »Die Herzen in die Höh'«, sagt oder singt der Liturg. Und die Gemeinde antwortet: »Wir erheben sie zum Herrn« – wir gehen mit unserem Sinnen und Trachten in die Welt Gottes hinüber. Und singen dann mit »allen himmlischen Mächten, mit allen Engeln und Erzengeln« das himmlische Lob: »Heilig, heilig, heilig ist der Herr Zebaot«. Auf diese Weise dem Alltag entrückt, treten wir dann in eine Szene, die sich vor rund zweitausend Jahren ereignet hat und an der wir jetzt teilnehmen dürfen. Die Einsetzungsworte, die Jesus zu seinen Jüngern gesprochen hat, werden auch jetzt gesprochen, und das, was er damals den Seinen gegeben hat, empfangen auch wir.

Gegeben wird beim heiligen Abendmahl ein Stück Brot bzw. eine Oblate und ein Schluck Wein. Gesagt wird mir dazu im Namen Jesu: »Das ist mein Leib. – Das ist mein Blut«. So steht es jedenfalls im Neuen Testament (Markus 14,22ff; ähnlich 1. Korinther 11,24f). Weil das sehr schwer, vielleicht überhaupt nicht intellektuell zu erfassen ist, werden gegenwärtig oft andere Formeln verwendet, die dem Verstehen weniger Schwierigkeiten bereiten sollen: »Christi Leib, für dich gegeben. – Christi Blut, für dich vergossen«. Wenn »das ist« wegfällt, bleibt offen, ob und wie die leibliche Hingabe Jesu Christi mit dem leiblichen Empfang von Brot und Wein zusammenhängt.

Ist das Abendmahl also nur eine symbolische Handlung? Oder findet dort wirklich eine leibliche Vereinigung, eine leibliche Einnahme von leiblicher Wirklichkeit statt? Das Sakrament sollte ja nie ein Akt von Kannibalismus sein, in dem man sich auf fleischliche Weise die Kraft eines großen Toten zu eigen macht. Deshalb wurden bei dieser Feier, anders als in manchen Mysterienkulten, auch nie Fleisch und Blut von Tieren oder gar Menschen verzehrt. Wie aber können dann Brot und Wein zu Fleisch und Blut werden? Wird die Substanz dieser Elemente durch das Sprechen der Weiheworte verändert, wie die römisch-katholische Theologie das Problem lange Zeit zu lösen versucht hat? Oder ist

Das Geheimnis des Gerichts

bei der Feier des heiligen Abendmahls, jenseits der irdischen Welt, jenseits der gegenwärtigen Zeit der auferstandene Jesus Christus so gegenwärtig, dass in Brot und Wein sein geistlicher, sein Auferstehungsleib ausgeteilt wird? Die »Leuenberger Konkordie«, die gemeinsame Erklärung reformatorischer Kirchen in Europa, hat diesen Sachverhalt so formuliert: »Im Abendmahl schenkt sich der auferstandene Jesus Christus in seinem für alle dahingegebenen Leib und Blut durch sein verheißendes Wort mit Brot und Wein« (EG 811,15).

»Die Hamburger Pastoren streiten sich über die Bedeutung des Abendmahls; über die Bedeutung des Mittagsmahls sind sie sich einig«, hat H. Heine spöttisch bemerkt. In der Tat hat vor allem das Ritual der Vereinigung in der Kirchengeschichte zu theologischen Streitigkeiten und kirchlichen Trennungen geführt. Wer sich auf dieses Sakrament einlässt, wird in den Augenblicken der Feier freilich erleben, wie es jenseits aller kulturellen und politischen und auch theologischen Differenzen Menschen vereint. Das heilige Abendmahl macht Menschen zur Gemeinde der Heiligen. Deshalb ist es immer auch an den Wendepunkten des Lebens gefeiert worden: bei der Konfirmation, bei der Eheschließung und in der Sterbestunde.

4. Das Geheimnis des Gerichts

Das Fest: Der Tag der Toten

Am Ende des Kirchenjahres gibt es ein düsteres, in vieler Hinsicht verhangenes Fest. Vorher soll ein »Buß- und Bettag« begangen werden, gegenwärtig freilich nicht mehr getragen, aber auch nicht mehr belastet durch die staatliche Regelung des Arbeitsverhaltens. Jetzt muss jede/r selber entscheiden, ob und in welcher Weise er den Tag zur Besinnung nutzt. Einige Tage davor soll die gesamte Gesellschaft am »Volkstrauertag« der Opfer von Krieg, Gewalt und Terror in den vergangenen Jahrzehnten gedenken. Schließlich kommen am letzten Sonntag des Kirchenjahres, wie die verschiedenen Bezeichnungen verraten, meistens übersehene oder gar verdrängte Aspekte des Lebens in den Blick. Es geht um das Verhältnis zu den Toten, um das Ende der Zeit am »Jüngsten Tag« und um jene Ewigkeit, die die Zeit trägt und umgibt und beglückt.

Natürlich will bei alledem keine rechte Freude aufkommen. Dafür sind diese Themen zu ernst, und die Stimmung in der Natur ist zu düster. Jenseits der Gottesdienste ist der Charakter dieser Zeit am deutlichsten auf dem Friedhof zu fassen. An Gedenkstätten finden dort die offiziellen, von staatlichen Instanzen organisierten Trauerfeiern statt. Von den Familien werden die Gräber der Verstorbenen geschmückt, vor allem mit frischem Grün versehen. Römisch-katholische Christen stellen zu Allerseelen (2. November) auf die Gräber eine brennende Kerze. Und der Besuch auf dem Friedhof ist am Totensonntag auch im Protestantismus immer noch eine weit verbreitete Sitte.

Was geschieht an diesem »Gedenktag der Entschlafenen«, wie eine kirchliche Bezeichnung lautet? Wenn es wirklich nur ein Gedenktag wäre, dann könnte man sich mit der gedanklichen Erinnerung zu Hause oder mit der gottesdienstlichen Feier in der Kirche begnügen. Der Weg zum Grab will offensichtlich mehr. Wer das Grab »besucht«, manchmal aus weiter Entfernung, will einen Besuch abstatten. Aber bei wem? Dass Leib und Leiden des Toten sich nach einiger Zeit weitgehend aufgelöst haben, wird jeder einräumen, der darüber nachdenkt. Dennoch übt das Grab eine erstaunliche Anziehungskraft aus. Es bildet, so könnte man sagen, einen »Kontakthof« zwischen der Welt der Lebenden und jener Welt, in die die Verstorbenen geraten sind. Hier tauchen manchmal Erinnerungen auf, die keine Fotografie zu Hause bisher ausgelöst hat. Oft sind es Bildfetzen von besonders glücklichen Stunden, oft aber auch Momente, in denen man sein damaliges Verhalten nachträglich bedauert. Am Grab geht die Beziehung zwischen den Lebenden und den Toten auf eine sehr undurchsichtige Weise weiter.

Wie der Vergleich mit anderen Kulturen zeigt, sind wir mit unseren Grabbeilagen bei der Beerdigung sehr zurückhaltend. Die Toten tragen einfache Kleidung. Ihre Augen sind verschlossen, ihre Hände nach Möglichkeit gefaltet. Früher wurden sie auf dem Kirchhof, also in allernächster Nähe des heiligen Gebäudes, beerdigt. Heute werden sie auf dem Friedhof zu ihrer letzten Ruhe gebettet. Die Verstorbenen sind »entschlafen«. In dieser Lage brauchen sie eigentlich nichts. Keine Speisevorräte für den beschwerlichen Weg in die Totenwelt, keine Waffenrüstung zum Kampf mit Dämonen, keine Mumifizierung, um auch im Tod ihre leibliche Gestalt zu erhalten. Was brauchen die Toten? Offensichtlich mindestens einmal im Jahr den Schmuck von frischen Blumen, das Licht von hellen Kerzen, den Besuch von geliebten Menschen. Ansonsten herrscht auf dem Gräberfeld »Friedhofsruhe«. Auch das ist ein sehr merkwürdiger Zustand. Ruhe soll dort herrschen, wo gar kein Leben mehr ist. Viel dringender ist doch das Ruhebedürfnis der stressgeplagten Autofahrer, die jenseits der Friedhofsmauern vorbeirasen. Die Trauernden brauchen Ruhe, um den Verlust, der sie getroffen hat, zu überleben und um neue Kraft zu gewinnen, denn: »Das Leben geht weiter«. Aber die Toten? Warum dieses Ruhegebot – wie in der Kirche oder wie im Museum, wie dort also, wo sich ein unheimlich Heiliges oder ein unerhört Schönes einstellen kann?

Die Toten darf man offenkundig nicht stören. Man kann sie mit frischen Blumen und hellen Kerzen erfreuen. Man kann ihnen bei seinem Besuch die neuesten Familiengeschichten erzählen und für uralte Streitigkeiten um ihre Verzeihung bitten. Aber ihr Schlaf will geachtet werden. Sie haben ihr Leben mit all seinen Konflikten nun hinter sich. Und sollen in die Konflikte der Überlebenden nicht weiter hineingezogen werden. »Ruhe in Frieden!« Was sich die Lebenden in den schwierigen Krisen manchmal so sehr und oft auch vergeblich wünschen, das soll den Toten nicht mehr genommen werden.

Ob die Lebenden Angst vor den Toten und Angst um die Toten haben, ist heutzutage schwer zu entscheiden. Früher gab es Opferhandlungen, um die Verstorbenen gnädig zu stimmen. Und manche Beerdigungsformen verraten vielleicht auch die Absicht, der Leiche auf jeden Fall die Möglichkeit zur Rückkehr ins Leben zu nehmen. Der schwere

Stein auf dem Grab kann ja nicht nur der Erinnerung, sondern auch der Einmauerung dienen. Der gepflegte Eindruck von Friedhofskultur, wie er in Mitteleuropa seit 200 Jahren zu beobachten ist, lässt jedenfalls die Absicht erkennen, den Kontakthof des Grabes zu einem Ort des Friedens zu gestalten. Alles hat seine Ordnung, seine Zeit, auch seine Schönheit.

In der Moderne stellt man sich die Fragen, die Menschen in der Geschichte immer wieder bewegt haben, am besten nicht mehr. Welche Macht haben die Toten über uns? Und was können wir für die Toten in der Totenwelt tun? Wir lassen sie und sie lassen uns in Ruhe. Die Toten schlafen. Sie warten vielleicht. Aufwecken soll man sie nicht. Aufwecken wird sie allenfalls jener Gott, der sie einmal ins Leben gerufen hat. Schon im Alten Testament berichtet der Prophet Ezechiel von einer grandiosen Vision, die ihm widerfahren ist.

»Des Herrn Hand kam über mich, und er führte mich hinaus im Geist des Herrn und stellte mich mitten auf ein weites Feld; das lag voller Totengebeine. Und er führte mich überall hindurch. Und siehe, es lagen sehr viele Gebeine über das Feld hin, und siehe, sie waren ganz verdorrt. – Und er sprach zu mir: Du Menschenkind, meinst du wohl, dass diese Gebeine wieder lebendig werden? Und ich sprach: Herr, mein Gott, du weißt es. Und er sprach zu mir: Weissage über diese Gebeine und sprich zu ihnen: Ihr verdorrten Gebeine, höret des Herrn Wort! So spricht Gott der Herr zu diesen Gebeinen: Siehe, ich will Odem in euch bringen, dass ihr wieder lebendig werdet. Ich will euch Sehnen geben und lasse Fleisch über euch wachsen und überziehe euch mit Haut und will euch Odem geben, dass ihr wieder lebendig werdet; und ihr sollt erfahren, dass ich der Herr bin. – Und ich weissagte, wie mir befohlen war. Und siehe, da rauschte es, als ich weissagte, und siehe, es regte sich, und die Gebeine rückten zusammen, Gebein zu Gebein. Und ich sah, und siehe, es wuchsen Sehnen und Fleisch darauf, und sie wurden mit Haut überzogen; es war aber noch kein Odem in ihnen. Und er sprach zu mir: Weissage zum Odem; weissage, du Menschenkind, und sprich zum Odem: So spricht Gott der Herr: Odem, komm herzu von den vier Winden und blase diese Getöteten an, dass sie wieder lebendig werden! Und ich weissagte, wie er mir befohlen hatte. Da kam der Odem in sie, und sie wurden wieder lebendig und stellten sich auf ihre Füße, ein überaus großes Heer. – Und er sprach zu mir: Du Menschenkind, diese Gebeine sind das ganze Haus Israel. Siehe, jetzt sprechen sie: Unsere Gebeine sind verdorrt, und unsere Hoffnung ist verloren, und es ist aus mit uns. Darum weissage und sprich zu ihnen: So spricht Gott der Herr: Siehe, ich will eure Gräber auftun und führe euch, mein Volk, aus euren Gräbern herauf und bringe euch ins Land Israels. Und ihr sollt auch erfahren, dass ich der Herr bin, wenn ich eure Gräber öffne und euch, mein Volk, aus euren Gräbern heraufhole. Und ich will meinen Odem in euch geben, dass ihr wieder leben sollt, und will euch in euer Land setzen, und ihr sollt erfahren, dass ich der Herr bin. Ich rede und tue es auch, spricht der Herr« (37,1ff).

Die Toten sind tot. Sie verwesen. Sie warten auf die neue Lebenskraft Gottes. Dass der Totensonntag in der Reihe der Feste erscheint, mag auf den ersten Blick paradox erscheinen. In der Natur herrscht Dunkelheit, in den Menschen Trauer. Das ist besonders zu spüren, wenn in den Gottesdiensten die Liste derer verlesen wird, die im abgelaufenen Kirchenjahr von uns gegangen sind. Dass dabei durchaus auch die Seligkeit des ewigen Lebens aufleuchten kann, dafür sorgt in lateinamerikanischen Basisgemeinden ein einfaches Ritual. Jedes Mal, wenn der Name eines Verstorbenen genannt ist, antworten die Versammelten mit einem lauten Ruf: »Presente!« In der Gemeinde der Heiligen sind auch die Toten, die zum Volk Gottes gehören, da. Am Totensonntag leuchtet die Sonne des ewigen Lebens.

Das Gebot: Das Gesetz der Vergeltung

Die Toten schlafen und warten. Wollen sie wirklich aufgeweckt werden? In ihrer Lebenszeit jedenfalls haben viele darauf gebaut, dass, wie sie sagten, »mit dem Tod alles aus ist«. Das kann ein Satz ohne Hoffnung sein. Ein Lebewesen findet sich damit ab, dass seine Lebenszeit begrenzt ist, und versucht, in diesem Rahmen das Beste aus seinem Leben zu machen. »Lasst uns essen und trinken; denn morgen sind wir tot!« (1. Korinther 15,32; ähnlich auch Jesaja 22,13). Dass mit dem Tod alles aus ist, muss jedoch nicht unbedingt ein Satz der Hoffnungslosigkeit sein. Es kann auch eine sehr begründete, tief verborgene Hoffnung darin stecken. Denn wenn mit dem letzten Atemzug alles zu Ende ist, dann findet das nicht statt, was Menschen in fast allen Kulturen erwartet haben: ein letztes Gericht. Es gibt so etwas wie eine verborgene Hoffnung in aller nüchternen und skeptischen und auch in der verzweifelten Hoffnungslosigkeit: Ich werde mich für das Leben, das ich so oder so, gut oder nicht gut, gelebt habe, später nicht verantworten müssen.

Die zehn Gebote sind von vornherein strafbewehrt. Sie laden zum Vertrauen auf den einen Gott ein. Aber sie warnen auch nachdrücklich davor, den Kontakt mit diesem

Das Geheimnis des Gerichts

einen Gott aufzugeben: »Ich, der Herr, dein Gott, bin ein eifernder Gott, der die Missetat der Väter heimsucht bis ins dritte und vierte Glied an den Kindern derer, die mich hassen. Aber Barmherzigkeit erweist an vielen Tausenden, die mich lieben und meine Gebote halten« (2. Mose 20,5f).

Der Gott der Bibel ist ein »eifernder Gott«. Er duldet keine Abweichungen. Er »wird den nicht ungestraft lassen, der seinen Namen missbraucht« (2. Mose 20,7). Beim Bundesschluss Gottes mit seinem Volk wird, wahrscheinlich jedes Jahr neu, ausdrücklich betont: »Ihr könnt dem Herrn nicht dienen; denn er ist ein heiliger Gott, ein eifernder Gott, der eure Übertretungen und Sünden nicht vergeben wird« (Josua 24,19). Er hat Israel aus der Herrschaft des ägyptischen Götterpantheons befreit. Und er kennt deswegen keine Toleranz gegen die, die sein Volk mit dem Import neuer Gottheiten beglücken wollen (5. Mose 32,16). Sein Eifer geht so weit, dass er die, die ihn in der kostbaren Gestalt eines goldenen Stieres verehren wollen, schonungslos hinrichten lässt (2. Mose 32,25ff). Mit dem Monotheismus beginnt in der Tat die religiöse Intoleranz.

Was haben solche Strafandrohungen, solche Sanktionen und Exekutionen mit der Liebe Gottes zu tun? Die alte Übersetzung in der Luther-Bibel war aussagekräftiger. Der »eifernde« Gott ist »eifersüchtig«. Er duldet nicht, dass man in seine Beziehung einbricht und die Beziehung zu ihm verlässt. Menschen mögen, wie in der Gegenwart, das Idealbild vertreten, man müsse auch in Beziehungskrisen vollkommen cool bleiben. Oft wird mit einem solchen Spruch nur die Eifersucht des anderen, des Partners bzw. der Partnerin, abgewehrt. Wenn man selbst die Gefahr wittert, den anderen verlieren zu können, dann hört die geforderte Gelassenheit oft sehr schnell auf. Eifersucht ist eine durchaus problematische Regung. Wen sie gepackt hat, der kann den anderen als sein Eigentum ansehen und zu Formen des Machtmissbrauchs greifen. Aber niemand kann einen anderen wirklich lieben, ohne voll Eifer gegen den drohenden Verlust des anderen anzukämpfen. Insofern ist Eifersucht immer ein unvermeidbarer, wenn auch sehr gefährlicher Bestandteil in menschlichen Beziehungsgeschichten. In die Heilsgeschichte des heiligen Gottes gehört sie deshalb hinein, weil sich der Liebe dieses Gottes alles Leben verdankt. Dieser eine Gott ist ein lebendiger Gott, der das Leben, das er geschaffen hat, gegen alle Verführungskünste des Bösen verteidigt. Dass man diesen Gott eifersüchtig nennen kann, das macht ihn sehr menschlich, aber auch sehr unheimlich.

Vielleicht ist es in der Gegenwart hilfreich, den unbezähmbaren Eifer Gottes nicht mit dem psychologischen Stichwort »Eifersucht« zu beschreiben, sondern als brodelnde »Energie« zu charakterisieren. Alle Lebenskraft fließt aus diesem Bereich. »Bei dir ist die Quelle des Lebens« (Psalm 36,10), und die Ströme von Güte und Wahrheit, von Gerechtigkeit und Recht durchfluten von hier aus Himmel und Erde (36,6ff). Alles Leben, das sich von diesen Energieströmen zu trennen versucht, kann an Lebenskraft nur verlieren. Dass solche Zerstörungsprozesse nachhaltig wirken und sich nicht auf einzelne Täter, Völker, Generationen beschränken lassen, kann man am Beispiel unseres Verhaltens zur Umwelt lernen. »Die Natur schlägt zurück« (H. Markl). Jeder Eingriff in das Gleichgewicht, das sich in den Netzwerken der Schöpfung gebildet hat, zieht unvermeidlich Folgen nach sich. Was wir in bester Absicht mit dem Ziel der Lebenserhaltung praktizieren, kann deshalb in mehr oder weniger großem räumlichen und zeitlichen Umfang zur Lebenszerstörung führen. So wirkt auch die Eiferenergie Gottes auf jeden Fall, zum Leben oder zum Tod.

Der heilige, lebendige, liebende Gott setzt seine Eifermacht in der Beziehung energisch, aber nicht willkürlich ein. Er reagiert nachhaltig auf die Missetat derer, die ihn hassen, aber er erbarmt sich auch tausendfach über die, die ihm treu bleiben. Sein Verhalten folgt einer klaren Regel und bleibt insofern berechenbar. Gott handelt, wie man früher gesagt hat, nach dem Gesetz der Vergeltung. Er bestraft den Abfall vom Glauben, und er überschüttet die Glaubenden mit seiner Gnade. Dass die Wirkung seiner energischen Reaktion sich über Generationen erstreckt und mit den Vätern auch die Kinder und Kindeskinder erreicht, blieb für den neuzeitlichen Individualismus lange Zeit unverständlich und wird von uns in seiner Wirklichkeitstiefe erst allmählich wieder entdeckt.

Auf dieses Gesetz der Vergeltung stößt man nicht nur in der Gottesbeziehung. Es bestimmt auch, scheinbar typisch ›alttestamentarisch‹, das soziale Leben. »Entsteht ein dauernder Schaden, so sollst du geben Leben um Leben, Auge um Auge, Zahn um Zahn, Hand um Hand, Fuß um Fuß, Brandmal um Brandmal, Beule um Beule, Wunde um Wunde« (2. Mose 21,23ff). Ein gerechtes Urteil war nach dieser brutalen Regel relativ einfach zu finden. Im modernen und für unser Verständnis sehr viel humaneren Straf- und Zivilrecht ist die Festlegung dessen, was als Ersatz und als Sühne zu leisten ist, sehr viel komplizierter geworden. Der gerechte Ausgleich, der vom Vergeltungsrecht beabsichtigt ist, wird auch heute noch angestrebt, muss aber sehr viel mehr Gesichtspunkte bei der Bestrafung des Täters und der

Wiedergutmachung des Schadens berücksichtigen. Gerecht in einer Menschengemeinschaft ist, was die Geltung des verletzten Rechts wieder herstellt. Der Schadensersatz sorgt für Ausgleich. Die Sühne sichert dort, wo ein direkter Ausgleich nicht möglich ist, die bleibende, wenn auch oft unfreiwillige Anerkennung des Rechts durch den, der es mit seiner Untat verletzt hat.

Deshalb lobt das Alte Testament die Gerechtigkeit seines, des einen und einzigen Gottes. Sie zeigt sich in den Heilstaten der Befreiungsgeschichte (Richter 5,1; 1. Samuel 12,7; Psalm 129,4f). Sie unterscheidet sich vom nackten Machtgebrauch, weil sie dem Unrecht wehrt: »Der Herr schafft Gerechtigkeit und Recht allen, die Unrecht leiden« (Psalm 103,6). Gott ist gerecht, wie man es heute gern formuliert, weil er sich »gemeinschaftstreu« verhält. Er steht zu den Spielregeln der Beziehung, die er gestiftet hat. Deshalb kann man in der Not zu ihm rufen: »Herr, höre mein Gebet, vernimm mein Flehen um deiner Treue willen, erhöre mich um deiner Gerechtigkeit willen« (Psalm 143,1). Wenn ein Einzelner oder gar das ganze Volk diese Gemeinschaftstreue aufkündigt, dann sorgt die Eifermacht Gottes für Schadensbegrenzung, manchmal so, dass der angerichtete Schaden auf die Betreffenden in voller Stärke zurückschlägt.

Alles, was wir im Alten Testament zum Gesetz der Vergeltung finden, zur Gemeinschaftstreue der Gottheit und zum Schutz der Gemeinschaft durch Gott, mag uns archaisch und exotisch vorkommen. Aber zentrale Aussagen im Neuen Testament sind von derselben Logik bestimmt. Am Ende des Markus-Evangeliums heißt es hart und lapidar: »Wer glaubt und getauft wird, der wir gerettet werden; wer aber nicht glaubt, der wird verdammt werden« (Markus 16,16).

Den Seligpreisungen Jesu entspricht jeweils ein Weheruf. »Selig seid ihr Armen, denn das Reich Gottes gehört euch« – »Weh euch Reichen! Denn ihr habt euren Trost schon empfangen« (Lukas 6,20 und 24). Selbst die leibliche Vereinigung mit dem himmlischen Erlöser bietet nach Paulus keine Gesundheits- und Lebensgarantie (1. Korinther 11,27ff). Der Kontakt mit der göttlichen Lebensenergie ist ungeheuer lebensförderlich – freilich bei missbräuchlicher Anwendung nicht ohne »Risiken oder Nebenwirkungen«.

Vergeltung ist das Grundgesetz des Lebens. Das gilt auch und vor allem positiv. »Bittet, so wird euch gegeben« (Matthäus 7,7). Zwischen der Äußerung einer Bitte und dem Empfang des Erbetenen besteht ein so starker Wirkungszusammenhang, dass er an anderer Stelle ganz radikal formuliert werden kann: »Jeder Bittende empfängt« (Lukas 11,10). Die Bitte ist also keine Aktion der Schwäche, wie man beim Vergleich mit dem Befehl meinen könnte. Eine Bitte gilt auf jeden Fall und kann, falls man sie hört, nur entsprechend vergolten werden. Denn der, der ihr ohne hinreichenden Grund nicht entspricht und dem Bittenden die Gabe verweigert, der Reiche etwa, der nicht zum Teilen bereit ist, verfällt dem Gericht. Auch der nämlich, der um etwas gebeten wird, gerät in den Geltungsbereich der Vergeltung: »Gebt, so wird euch gegeben. ... Denn mit dem Maß, mit dem ihr messt, wird man euch wieder messen« (Lukas 6,38).

Dass das Vergeltungsgesetz gerade im Verein mit der Geldherrschaft Leben bedroht, wird an der Geschichte des Judas deutlich. Er hat Jesus für 30 Silberstücke verraten und damit, wie sich zeigt, einen tödlichen Automatismus in Gang gesetzt. »Als Judas, der ihn verraten hatte, sah, dass er zum Tode verurteilt worden war, reute es ihn, und er brachte die dreißig

Silberstücke den Hohenpriestern und Ältesten zurück und sagte: Ich habe Unrecht getan, dass ich unschuldiges Blut verraten habe. Sie aber sagten: Was geht uns das an? Das ist deine Sache. Und er warf die Silberstücke in den Tempel, lief fort und erhängte sich. Aber die Hohenpriester nahmen die Silberstücke und sagten: Es ist nicht recht, dass wir sie in den Tempelschatz tun; denn es ist Blutgeld. Sie beschlossen aber, den Töpferacker davon zu kaufen als Begräbnisplatz für Fremde« (Matthäus 27,3ff).

Was Vergeltung heißt, wie sie in Zusammenarbeit mit Geld Leben zerstört und erst auf dem Friedhof zur Ruhe kommt, lässt sich beispielhaft an diesem Geschehen studieren. Judas hat Geld genommen und damit, wahrscheinlich unbeabsichtigt, seinem Meister den Tod gegeben. Als er das Geld zurückgeben will, wird es nicht angenommen – so nimmt er sich selber das Leben. Geld, an dem Blut klebt, gehört aber auch nicht in den heiligen Tempel. Allenfalls beim Kauf eines Begräbnisplatzes für »Fremde«, also für »unreine Heiden«, kann es noch eine angemessene Verwendung finden.

An einer entscheidenden Stelle wird dieses Weltgesetz vom Glauben freilich durchbrochen: »Ihr habt gehört, dass gesagt worden ist: ›Auge um Auge, Zahn um Zahn‹. Ich aber sage euch, dass ihr euch dem Bösen nicht widersetzen sollt, sondern: Wenn dich jemand auf deine rechte Backe schlägt, dem halte die andere auch hin« (Matthäus 5,38). Wer zurückschlägt, handelt noch im Geltungsbereich einer Macht, der Macht des Gesetzes, die ihn letzten Endes vernichten wird. Jesus selbst hat dieses Gesetz glasklar zusammengefasst, als es um sein eigenes Leben ging: »Wer das Schwert nimmt, der wird durch das Schwert umkommen« (Matthäus 26,52).

Das Geheimnis des Gerichts

Das gilt nicht nur für die direkte Anwendung von Gewalt, sondern für jedes abwertende Urteil über andere Menschen: »Richtet nicht, so werdet ihr auch nicht gerichtet« (Lukas 6,37). In der vom Bösen bestimmten Welt muss staatliche Gewalt mit dem Schwert drohen und mit dem Schwert handeln (Römer 13,1ff). Aber wie die Reichen und wie die Frommen sind auch die Mächtigen vom Gericht Gottes besonders bedroht (Offenbarung 19,17ff). Und zum guten Schluss muss »der letzte Feind«, der Allestöter, der Tod, selbst dran glauben (1. Korinther 15,26).

Der eifernde, der heilige, der lebendige Gott hat die Welt geschaffen und hat ihr ein Grundgesetz eingegeben. Wenn das wirkt, geraten Menschen in ungläubiges Erschrecken oder in unglaubliche Freude. Dieser Gott ist heilig; denn er »tötet und macht lebendig, er führt in das Totenreich und wieder herauf« (1. Samuel 2,6). Wie kann in Gott beides zusammengehen, die Strenge und die Liebe, der Zorn und die Barmherzigkeit, das Gericht und die Gnade?

»Wir sollen Gott fürchten und lieben«, mit diesen Worten beginnt M. Luther im Kleinen Katechismus jedes Gebot zu erklären. Noch feierlicher klingt die Formulierung, die er beim ersten Gebot verwendet: »Wir sollen Gott über alle Dinge fürchten, lieben und vertrauen«. Im Vertrauen findet das zusammen, was sonst auseinanderzubrechen droht. Dann können die einen Gott nur fürchten und die anderen ihn nur lieben. Und beide haben Schwierigkeiten, alle Erfahrungen des Lebens, die schönen wie die schrecklichen, mit Gott in Verbindung zu bringen. Im Glauben vertrauen Menschen darauf, dass in der Strenge des Gesetzes wie in der Milde des Evangeliums die eine Lebenskraft wirkt, aus der alles kommt und zu der alles geht.

Dass Liebe und Strenge zusammengehören, müssen wir schon im ersten Lebensjahr lernen. Dort begegnet uns das Geheimnis des Gerichts in den Veränderungen des Muttergesichts. Der strahlende Blick, der uns immer so freundlich angeschaut hat, ist manchmal finster, abweisend, ja er wirkt böse. Ein Leben lang beschäftigt uns dieses Problem im Umgang mit Menschen. Wie kann der/die, den/die ich liebe und der/die mich liebt, manchmal so unfreundlich, ja so hart und abweisend zu mir sein? Und ein Leben lang wünschen wir uns eine Gottheit, die ganz eindeutig ist.

Ein solcher Gott wäre nicht lebendig, sondern ein toter Götze. Zu Zeiten der Reformation hatten viele Menschen ein furchtbares Gottesbild von einem unbarmherzigen Richter, der durch gute Werke gnädig gestimmt und durch die Fürsprache der Heiligen beschwichtigt werden musste. Heute sind viele Zeitgenossen so furchtsam, dass sie sich Gott am liebsten als großes Kuscheltier wünschen, in dessen Wärme man sich vor den Schrecken des Lebens flüchten und verstecken kann. Gott ist, wie er ist. Gott ist, wie das Leben ist. Er ist lebendig. Schrecklich und schön. Furchtbar und liebenswert. Der Glaube kann Gottesfurcht und Gottesliebe umfassen, weil er mit dem lebt, der auf der Erde am Kreuz gestorben und nach drei Tagen in die Welt Gottes zurückgekehrt ist.

Der Glaube: Gericht und Gnade

Ich lebe, meistens mit einem guten, manchmal auch mit einem schlechten Gewissen. Vor einem irdischen Richter habe ich mich bisher nicht verantworten müssen. Aber das kann sich sehr schnell ändern, etwa wenn ich als Autofahrer für einen Augenblick unaufmerksam bin und einem

Das Geheimnis des Gerichts

Menschen Schaden zufüge. In manchen Momenten hat man Glück, dass man bei einem Gesetzesverstoß nicht erwischt wird. Und dann gibt es Handlungen, die juristisch gar nicht strafbar sind und durch die man andere dennoch schwer beschädigen kann. Den Kindern will man nur Gutes tun; aber in den Jahren der Erziehung gibt man an sie, meistens unbewusst, auch vieles weiter, was ihnen das Leben schwer machen wird. Ähnliches passiert wohl auch im Beruf. Trotz bester Absichten und großer Gesetzestreue trifft man Entscheidungen, die andere verletzen und beschweren. Auch wenn wir einigermaßen anständig und unbescholten durchs Leben kommen, gilt: »Wir müssen alle offenbar werden vor dem Richterstuhl Christi« (2. Korinther 5,10; ähnlich Römer 14,10).

Obwohl das Glaubensbekenntnis von der unheimlichen und unglaublichen Macht der Sünde schweigt, redet es sehr deutlich von dem Forum, vor dem Menschen sich nach ihrem Tod verantworten müssen. Jesus Christus »sitzt zur Rechten Gottes, des allmächtigen Vaters; von dort wird er kommen, zu richten die Lebenden und die Toten«. Wie werden die Toten, wie können wir Lebenden in diesem letzten Gericht bestehen?

Dass Menschen sich nach dem Tod für ihr Leben verantworten müssen, das ist eine Ahnung, die man in zahlreichen Religionen und Kulturen antreffen kann. Und dass die Entscheidung, die einen dort erwartet, entweder positiv oder negativ ausfallen kann, ist selbstverständlich. Es gibt die Erlösung, und es gibt die Verdammnis. Und das Schicksal des Menschen nach dem Tod ist vom Leben des Menschen vor dem und im Sterben bestimmt. Im Jüngsten Gericht werden alle ihr gerechtes Urteil empfangen.

Das gilt auch für das Gericht Jesu Christi. Es wird positive wie negative Urteile geben. In der Kirchengeschichte hat man ganz unterschiedliche Bilder von der Begegnung mit dem Auferstandenen entworfen. Manchmal war er, etwa im späten Mittelalter, ein äußerst strenger Richter, so dass man andere Gestalten, Maria und die Heiligen, um ihre Fürsprache bitten musste. Manchmal wird er aber auch, wie meist in der Gegenwart, zu einem freundlichen Mitmenschen, in dessen Nähe man kein Urteil fürchten muss, ja in dessen Umgebung es eigentlich gar kein Gericht geben kann. Wenn das Glaubensbekenntnis das Gottesgericht an das Kommen Jesu bindet, dann kann man in seinen Worten und Taten erfahren, wie es ablaufen und wie es ausfallen wird.

Zunächst muss man festhalten: Schon in seinem irdischen Leben hat Jesus zweiseitige Urteile ausgesprochen. Den einen verheißt er, wie wir schon hörten, die ewige Seligkeit, die anderen belegt er mit Weherufen, die faktisch ein vernichtendes Urteil enthalten (Lukas 6,20ff). Worin die Armut und der Reichtum, von denen dabei die Rede ist, bestehen, ob es sich um materielle oder um spirituelle Güter handelt, kann in diesem Zusammenhang offen bleiben. Gegen alle Hoffnung auf eine »billige Gnade« (D. Bonhoeffer) muss man akzeptieren, dass Jesus für das Endgericht keineswegs die Erlösung aller Menschen erwartet hat. Es mag auf unsere Seele höchst unerfreulich wirken und für unser Leben höchst unangenehm sein, aber Jesus mit der ganzen biblischen Tradition empfiehlt allen Menschen, sich auf diesen Tatbestand einzustellen.

Gerade die Frommen sind dabei besonders gefährdet; denn auch zum Glauben gehört, eine »Reichensteuer«: »von jedem, dem viel gegeben ist, wird man viel erwarten (Lukas 12,48). In einer ungeheuerlichen Szene, die man im Matthäusevangelium findet, wird klar, dass man das göttliche Urteil nicht selber berechnen kann.

»Wenn aber der Menschensohn in seiner Herrlichkeit kommen wird, und alle Engel mit ihm, dann wird er auf dem Thron seiner Herrlichkeit sitzen, und alle Völker werden vor ihm versammelt werden. Und er wird sie voneinander scheiden, so wie ein Hirt die Schafe von den Böcken scheidet, und wird die Schafe zu seiner Rechten stellen und die Böcke zur Linken. Da wird dann der König zu denen zu seiner Rechten sagen: Kommt her, ihr Gesegneten meines Vaters, erbt das Reich, das euch vom Anfang der Welt an bereitet ist! Denn ich bin hungrig gewesen, und ihr habt mir zu essen gegeben. Ich bin durstig gewesen, und ihr habt mir zu trinken gegeben. Ich bin ein Fremder gewesen, und ihr habt mich aufgenommen. Ich bin nackt gewesen, und ihr habt mich bekleidet. Ich bin krank gewesen, und ihr habt mich besucht. Ich bin im Gefängnis gewesen, und ihr seid zu mir gekommen. Dann werden ihm die Gerechten antworten: Herr, wann haben wir dich hungrig gesehen und haben dir zu essen gegeben? oder durstig und haben dir zu trinken gegeben? Wann haben wir dich als Fremden gesehen und haben dich aufgenommen? oder nackt und haben dich gekleidet? Wann haben wir dich krank oder im Gefängnis gesehen und haben dich besucht? Und der König wird ihnen antworten: Wahrlich, ich sage euch: Was ihr einem von diesen meiner geringsten Brüder getan habt, das habt ihr mir getan. – Dann wird er auch zu denen zur Linken sagen: Geht weg von mir, ihr Verfluchten, in das ewige Feuer, das für den Teufel und seine Engel bereitet ist! Denn ich bin hungrig gewesen, und ihr habt mir nichts zu essen gegeben. Ich bin durstig gewesen, und ihr habt mir nichts zu trinken gegeben. Ich bin ein Fremder gewesen, und ihr habt mich nicht aufgenommen. Ich bin nackt gewesen, und ihr habt mich nicht gekleidet. Ich bin krank und im Gefängnis gewesen, und ihr habt mich nicht besucht. Dann werden auch sie ihm antworten: Herr, wann haben wir dich hungrig und durstig oder als Fremden oder nackt oder krank oder im Gefängnis gesehen und haben dir nicht gedient? Dann wird er ihnen antworten: Wahrlich, ich sage euch: Was ihr einem von diesen Geringsten nicht getan habt, das habt ihr auch mir nicht getan. Und sie werden hingehen: diese zur ewigen Strafe, aber die Gerechten in das ewige Leben« (Matthäus 25,31ff).

Diese Worte spricht Jesus zu seiner Anhängerschaft. Er will damit keineswegs all jene, die sich vom Glauben fernhalten, aber Nächstenliebe üben, in ihrer Haltung bestätigen. Er will auch nicht für ein Christentum eintreten, das sich in sozialen und diakonischen Tätigkeiten erschöpft. Vielmehr will er die Selbstsicherheit und Selbstgerechtigkeit jener erschüttern, die sich an ihren frommen Worten erbaut und dem Elend der Menschen tatenlos zugesehen haben. Jenseits der Todesgrenze wird es große Überraschungen geben. Und nicht alle werden darüber erfreut sein.

Worauf kann man sich dann noch verlassen? Wäre das Leben nicht wirklich einfacher, wenn jene recht haben, die voller Verzweiflung, aber auch voller Hoffnung behaupten: »Mit dem Tod ist alles zu Ende«? Oder müssen wir uns ein Leben lang quälen, um uns mit guten Werken den Platz im Reich Gottes durch eigene Leistungen zu verdienen? Zentrale Aussagen des Paulus, der in seiner jüdischen Vergangenheit den Weg der Gesetzeserfüllung gegangen ist, können uns in dieser entscheidenden Frage der Lebensgestaltung weiterhelfen. Wie wird ein Mensch so gerecht, so richtig, so recht, dass er vor Gottes Gericht bestehen kann? Was Paulus durch den gewaltsamen Eingriff der göttlichen Macht für sein Leben gelernt hat, ist in den Schlusssätzen des Apostolischen Glaubensbekenntnisses zusammengefasst. Es geht um »Vergebung der Sünden, Auferstehung der Toten und das ewige Leben«.

»Vergebung der Sünden« schließt auf jeden Fall den Verzicht darauf ein, die Macht des Bösen durch eigene Aktivitäten überwinden zu wollen. Vor Gottes Gericht kann kein Mensch mit dem Hinweis auf seine guten Taten und sein anständiges Leben bestehen. »Wo bleibt nun das Rühmen? Es ist ausgeschlossen. Durch welches Gesetz? Durch das Gesetz der Werke? Nein, sondern durch das Gesetz des Glaubens. Denn wir sind überzeugt, dass der Mensch gerecht wird ohne die Werke des Gesetzes, allein durch den Glauben« (Römer 3,27f). Natürlich können Menschen untereinander immer auch freundlich und friedlich verkehren. Eltern sorgen für ihre Kinder. Kinder opfern sich für ihre Eltern. Mann und Frau setzen ihr Leben ein, um anderen zu helfen. Taten der Nächstenliebe gibt es überall in der Welt, bei Juden und Heiden, bei Atheisten und Christen. Aber all das, was getan wird, reicht nicht aus, um einen Anspruch in Gottes Gericht zu begründen. Alle, auch die, die zu ihrer eigenen Überraschung das ewige Leben erlangen, bleiben angewiesen auf das, was man »Gnade« nennt.

Diese Gnade hat Paulus im Unfall seiner Berufung höchst gewaltsam erfahren (Apostelgeschichte 9,1ff; ähnlich 22,3ff und 26,9ff). Er wurde in jeder Hinsicht zu Boden geworfen. Die Suche nach Selbstgerechtigkeit wurde ihm radikal ausgetrieben. Alle religiöse Prahlerei, alle menschliche Ruhmsucht musste er fahren lassen. Dann konnte er sagen: »Ich schäme mich des Evangeliums nicht; denn es ist die Kraft Gottes, die alle rettet, die daran glauben, die Juden zuerst und ebenso auch die Griechen. Denn darin wird die Gerechtigkeit offenbart, die vor Gott gilt, welche kommt aus Glauben im Glauben« (Römer 1,16f). Das »Evangelium«, von dem in der Kirche bis heute so viel die Rede ist, ist nicht einfach eine historische Tradition, ist auch keine theologische Lehre und kein frommer Gefühlsüberschwang. Das Evangelium ist eine Kraft, die Menschen mit Glauben erfüllt und ihnen die Gerechtigkeit Gottes zuteilt.

Im Raum des Glaubens, in dem diese Gerechtigkeit herrscht, findet man mehr als irdisches Recht. Hier gilt nicht die Vergeltung, hier wirkt die Vergebung. Hier ist einer zum Tode verurteilt, der für alle Sünden gestorben ist und an dessen Auferstehung alle im Glauben Anteil bekommen. Die Angst vor einem Leben nach dem Tod lässt sich nicht durch Verleugnung, aber auch nicht durch sittliche Anstrengung ausräumen. Die Sünde in uns wird nicht durch unsere Leistungen, sondern durch das stellvertretende Leiden des Einen gesühnt. Im Glauben sind wir mit der Kraft eines Namens verbunden, der uns im Leben wie im Sterben, vor jedem menschlichen Urteil wie vor dem Richterstuhl Gottes tröstet und trägt.

Der Heidelberger Katechismus, der für die evangelisch-reformierten Kirchen eine wichtige Bekenntnisgrundlage bildet, beginnt mit Frage 1: »Was ist dein einziger Trost im Leben und im Sterben? – Dass ich mit Leib und Seele, im Leben und im Sterben nicht mein, sondern meines getreuen Heilands Jesu Christi eigen bin, der mit seinem teuren Blut für alle meine Sünden vollkömmlich bezahlt und mich aus aller Gewalt des Teufels erlöst hat und also bewahrt, dass ohne den Willen meines Vaters im Himmel kein Haar von meinem Haupt kann fallen, ja auch mir alles zu meiner Seligkeit dienen muss. Darum er mich auch durch seinen Heiligen Geist des ewigen Lebens versichert und ihm forthin zu leben von Herzen willig und bereit macht« (EG 807).

Der Glaube, der sich nicht selbstgerecht seiner eigenen guten Taten, seiner eigenen Frömmigkeit rühmt, sondern im Leben und im Sterben auf die Gnade Gottes vertraut, ein solcher Glaube kann nie passiv, in reiner Innerlichkeit existieren. Denn die göttliche Energie, die durch den Heiligen Geist in ihm wohnt, verleiht Lebenskraft und will sich vor Gott und den Menschen äußern. Deshalb kann Paulus die Christen in Philippi eindringlich mahnen: »Müht euch um euer Heil mit Furcht und Zittern. Denn Gott ist's, der in euch das Wollen wie das Vollbringen wirkt zu seinem Wohlgefallen« (Philipper 2,12f).

Anhand dieses Textes kann man, wie wir es oben versucht haben, das philosophische Problem der Willensfreiheit erörtern. Viel wichtiger aber ist der Aspekt, den wir jetzt zu bedenken haben. Denn es geht dem Apostel nicht um die Klärung einer theoretischen Frage, sondern um das praktische Problem der Lebensgestaltung. Im Raum des Glaubens sind Menschen frei von der Macht des Gesetzes, von den Schrecken des Todes, von der Angst vor dem letzten Gericht. Das aber kann und darf sie nicht dazu verführen, in eine Haltung von Hochmut und Selbstsicherheit zu verfallen. »Furcht und Zittern« bilden auch im Raum des Glaubens jene Einstellung, die alle Geschöpfe angesichts der göttlichen Macht erfüllt. Obwohl und gerade weil das ewige Heil für die Glaubenden so gewiss ist, wird ihr irdisches Dasein immer auch von Mühsal und Ruhelosigkeit bestimmt sein. Es geht gar nicht anders. Denn der Glaube, der aus der Kraft Gottes lebt, ist »durch die Liebe tätig« (Galater 5,6). Alle guten

Absichten und alle guten Taten, die sich im Raum des Glaubens zeigen, kann man weder der eigenen Gesetzestreue noch der eigenen Menschenfreundlichkeit zuschreiben. Sie verdanken sich allein der Einwirkung der göttlichen Gnade.

Das ist dann auch die Perspektive, die der Glaube für den Übergang aus der Welt Gottes in das Reich Gottes eröffnet. Unser Leben wird erhellt, ja durchleuchtet werden. Dabei wird nicht alles, was wir in unserer Zeit gedacht und gesagt, erkämpft und erlitten haben, von Bestand sein. »Der Tag des Gerichts wird es erweisen; denn mit Feuer wird er sich offenbaren. Und von welcher Art das Werk eines jeden ist, wird das Feuer erproben. Wird jemandes Werk bleiben, das er darauf gebaut hat, so wird er Lohn empfangen. Wird aber jemandes Werk verbrennen, so wird er Schaden leiden; er selbst aber wird gerettet werden, doch so wie durchs Feuer hindurch« (1. Korinther 3,13-15).

Feuer vernichtet. Es läutert aber auch. Deshalb ist die Nähe jener Macht, die als »Feuer der Liebe« lebt, immer gefährlich. Wer sich im Raum des Glaubens bewegt, wer seit der Taufe vom Geist Gottes erfüllt ist, wer sich auf den Namen des göttlichen Sohnes beruft (Philipper 2,9), wer mit den weißen Gewändern der Auferstehungskraft überkleidet ist (Offenbarung 3,4f), der wird die letzte Feuerprobe bestehen. Der wird von allem irdischen Schmutz und von aller dämonischen Finsternis gereinigt und geläutert und gerettet sein. »Selig sind, die reines Herzens sind; denn sie werden Gott schauen« (Matthäus 5,8).

Wann schlägt die Stunde zum letzten Gericht? Schon im Neuen Testament hat es Berechnungsversuche gegeben. Paulus hat, jedenfalls in der Zeit kurz nach seiner Bekehrung, erwartet, dass »wir, die wir noch leben ... bis zur Ankunft des Herrn am Leben bleiben« (1. Thessalonicher 4,15). Als Unruhe in den Gemeinden entsteht, weil die Wiederkunft Christi sich offensichtlich verzögert, tröstet der 2. Petrusbrief mit dem Hinweis, dass Gottes Ewigkeit sich dem irdischen Zeittakt entzieht und dass im Augenblick noch eine letzte Gnadenfrist läuft: »Eins aber sollt ihr nicht vergessen, ihr Lieben, dass *ein* Tag vor dem Herrn wie tausend Jahre ist und tausend Jahre wie ein Tag. Der Herr zögert die Erfüllung seiner Verheißung nicht hinaus, wie es manche für eine Verzögerung halten; vielmehr hat er Geduld mit euch und will nicht, dass jemand verloren geht, sondern dass alle zur Buße finden« (2. Petrus 3,8f). Vor allem die Ankündigung eines tausendjährigen Reiches, wie sie in der Offenbarung des Johannes zu finden ist (20,1ff), hat in der Kirchengeschichte immer wieder Spekulationen über den Endtermin ausgelöst. Das »dritte Reich«, das Reich des Geistes, auf dessen Anbruch man im Mittelalter inständig gewartet hat, sollte in der deutschen Geschichte mit schrecklichen Folgen politisch realisiert werden. Ob und wann es nach dem »Urknall« am Anfang des Kosmos jemals einen »Urzusammenfall« des Universums geben wird, bleibt gegenwärtig den wissenschaftlichen Phantasien überlassen.

Jenseits aller Spekulationen ist nur eines gewiss: Das Ende der Welt findet für jeden und jede von uns am Ende des Lebens statt. Wenn man unter der Erde liegt, hat sich die Frage, wie und ob und wie lange es auf der Erde noch weitergeht, erledigt. Das biologische Datum unseres Sterbens wird auf dem Grabstein stehen. Aber im Raum des Glaubens ist es vorher wie nachher eigentlich uninteressant. Dort gilt das Wort dessen, der auf dem Richterstuhl sitzt: »Ich bin die Auferstehung und das Leben. Wer an mich glaubt, der wird leben, selbst wenn er stirbt; und wer lebt und an mich glaubt, der wird niemals sterben« (Johannes 11,25). Deshalb können wir mit den Worten des Paulus getrost unserem Ende entgegensehen: »Denn keiner von uns lebt für sich selbst, und keiner stirbt für sich selbst. Leben wir, so leben wir dem Herrn; sterben wir, so sterben wir dem Herrn. Darum, ob wir nun leben oder sterben, gehören wir dem Herrn. Denn dazu ist Christus gestorben und wieder lebendig geworden, dass er über Tote und Lebende Herr sei« (Römer 14,7ff).

>>Jesus lebt, mit ihm auch ich!
Tod, wo sind nun deine Schrecken?
Er, er lebt und wird auch mich
von den Toten auferwecken.
Er verklärt mich in sein Licht;
dies ist meine Zuversicht.

Jesus lebt! Ihm ist das Reich
über alle Welt gegeben;
mit ihm werd' auch ich zugleich
ewig herrschen, ewig leben.
Gott erfüllt, was er verspricht;
dies ist meine Zuversicht.

Jesus lebt! Ich bin gewiss,
nichts soll mich von Jesus scheiden,
keine Macht der Finsternis,
keine Herrlichkeit, kein Leiden.
Seine Treue wanket nicht;
dies ist meine Zuversicht« (EG 115).

Das Geheimnis des Gerichts

Das Gebet: Das Reich

Was kommt nach dem Tod? Was erwartet die Entschlafenen? Wohin führt die Himmelsreise der Seele? In der Reli-
gions- wie in der Kirchengeschichte hat man diese Fragen
sehr einfach, aber auch sehr phantasievoll zu beantworten
versucht. Auf die unterschiedlichen Menschengruppen sollen drei unterschiedliche Welten warten. Die Bösen werden
zur Hölle fahren. Die Guten werden das Himmelreich erben.
Und die, die noch einer letzten Läuterungskur bedürfen,
müssen in der Übergangswelt des Fegfeuers von Sünden-
resten gereinigt werden.

Konkret konnte man sich diese drei Bereiche des Jenseits
mit Hilfe von zwei gedanklichen Operationen ausmalen,
nämlich auf dem Weg der Verneinung und auf dem Weg der
Steigerung. Das Modell der Verneinung verfährt so: Dort,
in der himmlischen Welt, gibt es nichts von dem, was hier
unser Dasein beschwert. Es gibt den Tod nicht mehr, sondern nur noch das Leben, die Trauer nicht mehr, sondern
nur noch Friede und Freude. Das Modell der Steigerung lautet entsprechend: Dort ist besser, was hier schon einigermaßen gut ist. Hier gibt es Augenblicke des Friedens, dort
waltet Friede in Ewigkeit. Hier erfahren wir meistens nur
eine begrenzte Liebe, dort werden wir andauernd von der
grenzenlosen Liebe Gottes umfangen.

Das Vaterunser verzichtet auf solche Spekulationen und
Phantasien. Es liefert keine Informationen, wie es »drüben«
aussehen wird. Es arbeitet auch nicht mit Drohungen oder
Versprechungen. Es redet von der Welt Gottes so, wie man
im Glauben von Gott selbst spricht. Man redet nicht über
ihn, sondern zu ihm, in der Bitte, in der Klage, im Danken.

Am Ende des Herrengebets wird der Anfang wieder aufgenommen. Auf die Anrede »unser Vater« folgt jetzt die Anbetung: »Dein ist das Reich und die Kraft und die Herrlichkeit in Ewigkeit«.

Das sind zunächst nur vier Wörter, die das Geheimnis der göttlichen Welt umkreisen. Alle Einzelaussagen, alle genaueren Bestimmungen fehlen. In den Grenzen menschlicher Sprache soll die Grenzenlosigkeit der göttlichen Welt zur Sprache kommen. Ähnliche Formulierungen finden sich auch sonst in der Bibel, sie sind immer auf Gott bzw. auf Jesus Christus bezogen. Es ist »ein Gott und Vater aller, der über allen und durch alle und in allen ist« (Epheser 4,6). »Von ihm und durch ihn und zu ihm sind alle Dinge« (Römer 11,36). »Ich bin das A und das O, spricht Gott der Herr, der da ist und der da war und der da kommt, der Allmächtige« (Offenbarung 1,8, ähnlich 21,6 und 22,13). Vom umfassenden Walten Gottes in der irdischen Welt kann man ebenso nur formelhaft sprechen wie vom Wesen Gottes in der göttlichen Welt. Ihm gehört, ja er ist »Reich, Kraft, Herrlichkeit, Ewigkeit«. Was sich mit diesen einfachen Worten in der biblischen Sprachwelt verbindet, wollen wir an einigen markanten Punkten skizzieren.

Gott lebt in einem Reich. Und wir werden nach unserem Tod auch in diesem Reich leben dürfen. Diese beiden Sätze sind merkwürdig, weil sie etwas enthalten, was wir aus unserer Erfahrung kennen, uns aber für den lebendigen Gott nur unzureichend vorstellen können. Wir kennen Reiche, die kommen und vergehen, die Grenzen haben und gegeneinander kämpfen. Alle irdischen Reiche sind Machtfelder, in denen Machthaber miteinander um Machterhaltung und Machtgewinn ringen müssen. Gottes Reich ist *das* Reich.

Dort ist Gottes Macht nicht mehr umstritten. Die Opposition des Unheimlichen und Unglaublichen gibt es dort nicht mehr. Auch »der letzte Feind«, der Tod, ist vernichtet (1. Korinther 15,26). Gottes Einfluss erfüllt dieses Feld vollkommen. In diesem unendlichen Raum ist Gott »alles in allem« (1. Korinther 15,28).

Gottes Reich ist Gott als Macht eines Raums. Indem wir Gott in diesem Raum anbeten, verlassen wir schon ein Stück weit unsere irdische Welt und nähern uns von Ferne dem, was die Toten erwartet, »die von nun an im Herrn sterben« (Offenbarung 14,13). Mit unseren Worten rühmen wir eine Welt, die wir noch nicht betreten haben und die wir nur mit höchst oberflächlichen, weil irdischen Vorstellungen zu erfassen vermögen. Gottes Reich wird unser Reich sein. Deshalb brauchen wir uns nicht schon jetzt die besten Plätze an der Seite Jesu zu sichern (Markus 10,35ff). Und ob uns dort eine Krone (Offenbarung 2,10) oder ein Siegeskranz (1. Korinther 9,25) schmücken wird, ist keine ernsthafte Frage. Entscheidend ist: Wir werden mit Hilfe der Christus-Parole alle Blockaden durchdringen (Philipper 2,10), wir werden anklopfen (Matthäus 7,7), eingelassen und aufgenommen, weil seit der Taufe Gottes Geist unseren sterblichen Leib transformiert und weil uns durch das Wort der Vergebung dieses Reich schon erschlossen ist (Matthäus 16,19).

Gottes Reich ist erfüllt von Gottes Kraft. Und wir werden uns in diesem unendlichen Kraftfeld bewegen. Auch diese beiden Sätze klingen merkwürdig, weil sie etwas zu Sprache bringen, was wir aus unserer Erfahrung kennen, was wir aber mit dem lebendigen Gott kaum in Verbindung bringen. Wir kennen Kraft als Energie, die in dosierter Form das Leben auf der Erde ermöglicht. Die Sonne liefert Wärme und Licht.

Die Luft ermöglicht unserem Atem einen ständigen Austausch, eine ständige Erneuerung unserer Lebenskraft. Beim Essen und Trinken und in den entsprechenden Ausscheidungsvorgängen verarbeiten wir andauernd Nahrungsmittel, die unser Leben erhalten. Und durch die Entwicklungen der modernen Technik haben wir ein riesiges Reservoir weiterer Energiequellen aufgebaut, bis hin zu den Atomkraftwerken, die mit ihrer Arbeit und ihrem Abfall eine ständige Bedrohung des Lebens auf unserem Planeten darstellen.

Gottes Reich ist voll göttlicher Kraft. Deshalb ist auch die Weltgeschichte bestimmt von den Einwirkungen göttlicher Allmacht. Die Erde ist »durch seine Kraft erschaffen« (Jeremia 10,12). Diese Kraft hat die Berge gebildet (Psalm 65,7) und die Meere geteilt (Psalm 74,13). Gott »rafft die Gewalttätigen hin durch seine Kraft« (Hiob 24,22). Er ist aber auch die Quelle aller Lebenskraft (Psalm 27,1), die Müdigkeit überwindet (Jesaja 40,29ff) und Menschen mit Geist und Recht und Stärke erfüllt (Micha 3,8).

Besonders die Lebensgeschichte Jesu ist energetisch geladen. »Die Kraft des Höchsten« ist bei seiner Empfängnis zugegen (Lukas 1,35). Seine Krafttaten bringen die Herrschenden außer Fassung (Matthäus 14,1ff). Eine unauffällige Berührung seiner Kleidung reicht aus, um eine Frau vom Blutfluss zu heilen (Markus 5,25ff). Die »Kraft unzerstörbaren Lebens«, die ihn in Gottes Reich zurückgeholt hat (Hebräer 7,16), wird auch in seiner Gemeinde wirksam (Apostelgeschichte 1,8). In der Predigt des Evangeliums hat »die Kraft Gottes« auch unser Leben erreicht und verändert und zum ewigen Heil bestimmt (Römer 1,16ff).

Wer von dieser Kraft erfasst ist, wird den Lebenskampf »mit den Mächtigen und Gewaltigen, mit den Beherrschern

Das Geheimnis des Gerichts

dieser finsteren Welt, mit den bösen Geistern zwischen Himmel und Erde« (Epheser 6,12) bestehen. Gottes Reich ist voll Macht. Aber nicht jede Macht ist von Gott, deshalb muss man die Glaubenden vor denen warnen, die »ihre Kraft zu ihrem Gott machen« (Habakuk 1,11). Keine Diktatur und kein Zeitgeist, keine religiöse Verklärung weltlicher Größen und keine Verweltlichung des kirchlichen Lebens wird Menschen im Glauben vom Abfall von den »Kräften der zukünftigen Welt« (Hebräer 6,5) bewegen können.

Denn die zukünftige Welt, das Reich aller Reiche, die Kraft aller Kräfte, ist eine Welt voller Herrlichkeit. Und wir werden uns im Glanz dieser Herrlichkeit sonnen dürfen. Merkwürdig klingen auch diese Sätze, weil wir das herrliche Licht zwar kennen, aber nur im Kontrast mit der Dunkelheit von Gegenständen zu erfassen vermögen. Das reine Licht bleibt für uns unsichtbar. Und das ungeschaffene Licht des göttlichen Lebens können wir erst recht mit unserem sterblichen Leib nicht erfassen. Auf der Erde leuchten nur irdische Lampen. Die erste Schöpfungsgeschichte hat die religiöse Verehrung von Sonne, Mond und Planeten mit ein paar Worten einfach beseitigt und diesen angeblichen Gottheiten eine schlichte Aufgabe zugewiesen. Gott sprach: »Es werden Lichter an der Feste des Himmels, die da scheiden Tag und Nacht und geben Zeichen, Zeiten, Tage und Jahre und seien Lichter an der Feste des Himmels, dass sie scheinen auf die Erde« (1. Mose 1,14). Kienspäne, Kerzen, elektrische Birnen, die die Menschheit in ihrer Geschichte entdeckt und entwickelt hat und die inzwischen, mindestens in Mitteleuropa, riesige Energiereserven verbrauchen, erhellen und erwärmen unsere Lebenswelt, aber sie sind noch nicht das ewige Licht der göttlichen Herrlichkeit, die auf uns wartet.

Immerhin, die Offenbarungsgeschichte beginnt im Alten wie im Neuen Testament mit Lichtphänomenen. Gottes Engel erscheint dem Mose in einem brennenden Dornbusch (2. Mose 3,2). Eine Wolken- und Feuersäule führt Israel aus der Gefangenschaft (2. Mose 13,17). Später kommt Mose mit einem Strahlenkranz, mit einer Aura also, vom heiligen Berg zurück (2. Mose 34,29). Nach der Geburt Jesu umleuchtet »die Klarheit des Herrn« die Hirten auf dem Feld (Lukas 2,9). Beim ersten Pfingstfest werden die Anwesenden wie von Feuerzungen umspielt (Apostelgeschichte 2,3). Und im Blick auf all den herrlichen, verführerischen Glanz, den man in der menschlichen Kultur finden kann, behauptet Jesus: »Ich bin das Licht der Welt. Wer mir nachfolgt, der wird nicht in der Finsternis bleiben, sondern wird das Licht des Lebens haben« (Johannes 8,12).

Die Heilsgeschichte, die mit einer Lichterscheinung begann, wird auch mit Lichtereignissen enden. So hat es schon der Prophet Ezechiel in einer Vision erfahren: »Und siehe, die Herrlichkeit des Gottes Israel kam von Osten und brauste, wie ein großes Wasser braust, und es ward sehr licht auf der Erde von seiner Herrlichkeit« (Ezechiel 43,2). Nach dem Gleichnis Jesu werden nur diejenigen in die Lichtwelt des Reiches geraten, die dort mit einer brennenden Lampe, mit dem Licht des Lebens, erscheinen (Matthäus 25,1ff). Weil Gott sich an diesem Tag mit Feuer offenbaren wird, muss jede/r eine Feuerprobe bestehen. »Wird jemandes Werk bleiben, das er darauf gebaut hat, so wird er Lohn empfangen. Wird aber jemandes Werk verbrennen, so wird er Schaden leiden; er selbst aber wird gerettet werden, doch so wie durchs Feuer hindurch« (1. Korinther 3,14f).

Der Glanz, der uns in der Herrlichkeit Gottes erwartet, ist in einer grandiosen Vision der Offenbarung des Johannes für das himmlische Jerusalem überwältigend ausgemalt: »Die Mauer war aus Jaspis und die Stadt aus reinem Gold, klar wie Glas. Und die Grundsteine der Mauer um die Stadt waren mit allen Arten von Edelsteinen geschmückt. Der erste Grundstein war ein Jaspis, der zweite ein Saphir, der dritte ein Chalzedon, der vierte ein Smaragd, der fünfte ein Sardonyx, der sechste ein Sarder, der siebte ein Chrysolith, der achte ein Beryll, der neunte ein Topas, der zehnte ein Chrysopras, der elfte ein Hyazinth, der zwölfte ein Amethyst. Und die zwölf Tore waren zwölf Perlen, jedes Tor war aus einer einzigen Perle, und der Marktplatz der Stadt war aus reinem Gold, durchscheinend wie Glas. Und ich sah keinen Tempel in der Stadt; denn der Herr, der allmächtige Gott, ist ihr Tempel, er und das Lamm. Und die Stadt braucht weder Sonne noch Mond, damit es hell in ihr wird; denn die Herrlichkeit Gottes erleuchtet sie, und ihr Licht ist das Lamm. Und die Völker werden im Licht dieser Stadt leben; die Könige auf Erden werden ihre Herrlichkeit in sie bringen« (Offenbarung 21,18ff).

Es wird nicht eindeutig zu klären sein, ob die kostbare Ausschmückung der himmlischen Stadt nur mit der Strahlkraft der Edelsteine rechnet oder auch mit der darin gespeicherten Lebenskraft. Auf jeden Fall ist bemerkenswert, dass erst dort, in der anderen Welt, die Unterscheidung zwischen heiligen und profanen Bereichen verschwunden ist. Es gibt keinen Tempel, weil »der Herr, der allmächtige Gott, ... ihr Tempel« ist, »er und das Lamm«. Seit dem Kreuzestod Jesu ist der Tempel als heiliger Bau zerbrochen (Matthäus 27,51). Nur der Leib von Menschen, in dem seit ihrer Taufe der Geist Gottes Wohnung genommen hat, kann jetzt noch als Tempel gelten (1. Korinther 3,19), der in die Tempelwelt der heiligen Stadt aufgehen wird.

Der Hinweis auf das himmlische Jerusalem ist in der Gegenwart deswegen wichtig, weil diese »heilige« Stadt auf der Erde immer umstritten gewesen ist. Bis heute kämpfen zwei Religionen, die zur abrahamitischen Tradition gehören, um ihren Besitz. Und auch die christliche Kirche hat sich in ihrer Geschichte, manchmal sehr blutrünstig, an diesem Kampf beteiligt. Weil wir heute die Aktionen einzelner muslimischer Gruppen – mit Recht! – als »inhuman« verurteilen, ist es notwendig, auch an jene Grausamkeiten zu erinnern, die im Zeichen des Kreuzes begangen worden sind.

So berichten die arabischen Chronisten über die erste Eroberung Jerusalems durch die »Franken«, die Kreuzfahrer also: »Am Freitag, dem 22. Shaaban des Jahres 492 der Hedschra – 15. Juli 1099 – hatten sich die Franken nämlich, nach einer vierundvierzigtägigen Belagerung, der Heiligen Stadt bemächtigt. Die Flüchtlinge beginnen immer wieder zu zittern, wenn sie davon sprechen, und ihr Blick wird starr, als sähen sie erneut diese blonden Krieger in ihren Rüstungen vor sich, wie sie, mit dem blanken Schwert Männer, Frau und Kinder niedermetzelnd, durch die Straßen stürmen, die Häuser plündern und die Moscheen verwüsten. – Als das Morden nach zwei Tagen endete, gab es in der Stadt keinen einzigen Muslim mehr. Einigen war es in der allgemeinen Verwirrung gelungen, durch die Tore, die die Angreifer aufgebrochen hatten, zu entfliehen. Die übrigen lagen zu Tausenden in Blutlachen vor ihren Häusern oder bei den Moscheen. Unter ihnen befanden sich zahlreiche Imams, Ulemas und sufistische Asketen, die ihre Heimat verlassen hatten, um an diesen heiligen Stätten in frommer Zurückgezogenheit zu leben. Die letzten Überlebenden waren zum härtesten Dienst gezwungen worden: sie mussten die Leichname der Ihren auf dem Rücken zusammentragen, sie im freien Gelände aufschichten und verbrennen, bevor sie selbst umgebracht oder als Sklaven verkauft wurden. – Das Schicksal der Jerusalemer Juden war ebenso grausam: Während der ersten Stunden des Kampfes hatten viele von ihnen an der Verteidigung ihres im Norden der Stadt gelegenen Judenviertels teilgenommen. Als jedoch der Mauerteil, der ihre Häuser schützte, einbrach und die blonden Reiter in die Straßen stürmten, verloren die Juden die Fassung. Einem alten Brauch gemäß versammelte sich die ganze jüdische Gemeinschaft in der großen Synagoge zum Gebet. Daraufhin versperrten die Franken alle Ausgänge, schichteten rundherum Holz auf und ließen alles in Flammen aufgehen. Wer immer zu entkommen versuchte, wurde in den Straßen erschlagen, die anderen verbrannten bei lebendigem Leib« (A. Maalouf, Der Heilige Krieg der Barbaren. Die Kreuzzüge aus der Sicht der Araber, München 2003, 10).

In den Kreuzzügen, wie in vielen anderen Situationen, hat die Christenheit den christlichen Glauben verraten. Die heilige Stadt wurde im heiligen Krieg erobert. Das Ziel aller menschlichen Lebenshoffnung wurde zum Ort unmenschlicher Lebenszerstörung. Das Kreuz wurde das, was es schon immer in vorchristlicher Zeit gewesen war, ein reines Machtsymbol; aber nun nicht mehr, wie in Ägypten, in Indien, bei den Indianern, Symbol der Fruchtbarkeit in der Verbindung zwischen Himmel und Erde, sondern Teil einer Ritterrüstung, die mit Helm, Panzer und Schwert zum Kämpfen und Töten bestimmt war. Spätestens seit dem Scheitern dieser militanten Expeditionen kann man wissen, dass alle Versuche, die Stadt Gottes oder gar das Reich Gottes auf der Erde zu realisieren, in religiösem Terrorismus enden.

Das Reich, das uns bleiben wird, ist Gottes Reich. Die Kraft, die uns schon jetzt leben lässt, ist Gottes Kraft. Die Herrlichkeit, deren Glanz wir manchmal von Ferne erahnen, ist Gottes Herrlichkeit. Sie bilden einen unendlichen Raum in einer unendlichen Zeit. Das Reich ist in Ewigkeit. Und wir werden aus der begrenzten Zeit unseres irdischen Lebens in diesen unendlichen Zeitraum hinüberwechseln.

Auch diese beiden Sätze sind merkwürdig, ja geheimnisvoll, weil sie bekannte Erfahrungen mit unvorstellbaren Erwartungen verknüpfen. Die Zeit, die erlebt wird, verläuft anders als die mit der Uhr gemessene Zeit. Augenblicke des Leids, selbst wenn es um so banale Dinge wie Zahnschmerzen geht, können einem unendlich lang erscheinen. Und die Stunden, die wir mit einem geliebten Menschen im Glück verbringen, können wie im Fluge vergehen. Beim stillen Sitzen, im Beten, im Meditieren können wir alles vergessen, uns selbst und die Welt und die Zeit und auch Gott. Wir atmen, wir leben, wir sind. Nachher, beim Nachdenken über solche Momente, sagen wir manchmal: Uns hat eine Ahnung davon ergriffen, was Ewigkeit heißt.

»Was also ist die Zeit? Wenn niemand mich fragt, so weiß ich es; will ich es dem Fragenden erklären, weiß ich es nicht« (Augustin). Die Bibel liefert demgemäß keine Definition dessen, was Zeit ist, sondern beschreibt die Art, wie wir die Zeit erleben. »Wir bringen unsere Jahre zu wie ein Geschwätz« (Psalm 90,9). Manchmal nehmen wir uns Zeit. Meist haben wir keine Zeit. Im Grunde können wir darüber aber nicht selbst verfügen. »Meine Zeit steht in deinen Händen« (Psalm 31,10). Deshalb scheint alles, was uns widerfährt, Zu-Fall zu sein, Fügung, Geschick. So hat es der Prediger in eindrucksvollen Worten beschrieben: »Ein jegliches hat seine

Das Geheimnis des Gerichts

Zeit, und alles Vorhaben unter dem Himmel hat seine Stunde: geboren werden hat seine Zeit, sterben hat seine Zeit; pflanzen hat seine Zeit, ausreißen, was gepflanzt ist, hat seine Zeit; töten hat seine Zeit, heilen hat seine Zeit; abbrechen hat seine Zeit, bauen hat seine Zeit; weinen hat seine Zeit, lachen hat seine Zeit; klagen hat seine Zeit, tanzen hat seine Zeit; Steine wegwerfen hat seine Zeit, Steine sammeln hat seine Zeit; herzen hat seine Zeit, aufhören zu herzen hat seine Zeit; suchen hat seine Zeit, verlieren hat seine Zeit; behalten hat seine Zeit, wegwerfen hat seine Zeit; zerreißen hat seine Zeit, zunähen hat seine Zeit; schweigen hat seine Zeit, reden hat seine Zeit; lieben hat seine Zeit, hassen hat seine Zeit; streiten hat seine Zeit, Friede hat seine Zeit« (Prediger 3,1ff). Das Leben ist nicht nur und nicht immer ein schönes Geschenk, sondern manchmal auch ein schweres Schicksal. Für Paulus z.B. ist das Apostelamt ein »Verhängnis«, das ihm gezwungenermaßen auferlegt ist (1. Korinther 9,16, Urtext).

Weil Gott die Zeit in jedem Menschenleben, aber auch in der Weltgeschichte bestimmt, kann man, wenn man es kann, die »Zeichen der Zeit« erkennen (Matthäus 16,3). Das setzt freilich die Begabung mit dem Geist Gottes voraus und ist zwischen wahren und falschen Propheten immer umstritten. Voller Wahn haben sich die Priester zur Zeit des Jeremia auf ihren religiösen Betrieb verlassen: »Hier ist des Herrn Tempel, hier ist des Herrn Tempel, hier ist des Herrn Tempel!« (Jeremia 7,4). Und viele deutsche Christen wurden von der Behauptung des »Führers«, im Dienst der »Vorsehung« zu stehen, verführt. Was in der Zeit immer wieder aufleuchtet, sind Signale jenes Reichs, das in der Person Jesu Christi zu Welt gekommen ist. »Die Zeit ist erfüllt, und das Reich Gottes ist herbeigekommen. Tut Buße und glaubt in dem

Evangelium!« (Markus 1,15). Weil Gott von Anfang an die Zeit bestimmt und durch Jesus Christus mit Kraft und Herrlichkeit erfüllt hat, kann die Botschaft des apokalyptischen Engels keinen, der vom Lebensstrom des Reiches erfasst ist, erschrecken: »Es wird keine Zeit mehr sein« (Offenbarung 10,6).

Gott bestimmt unsere Zeit. Aber wir können die Zeit Gottes, die Ewigkeit, nur sehr ungefähr, in umfassenden Formeln bestimmen. Die Fähigkeit dazu hat Gott selbst geschenkt. »Er hat alles schön gemacht zu seiner Zeit, auch hat er die Ewigkeit in ihr Herz gelegt; nur dass der Mensch nicht ergründen kann das Werk, das Gott tut, weder Anfang noch Ende« (Prediger 3,11). Auf jeden Fall können Menschen zum Lob seines Namens »von nun an bis in Ewigkeit« (Psalm 113,2) ermutigen und mit der Wirkung seines Segens »von nun an bis in Ewigkeit« rechnen (Psalm 121,8). Selbstverständlich umfasst die »Zeit« Gottes nicht nur eine unendliche Zukunft, sondern auch eine nicht begrenzbare Vergangenheit. Die energetische Macht seiner Gnade »reicht von Ewigkeit zu Ewigkeit« (Psalm 103,17). Und deswegen wird das segensreiche Lob dieses Gottes »von Ewigkeit zu Ewigkeit« erschallen (Psalm 41,14).

Wenn das Lob Gottes erklingt, wirkt Ewigkeit in die Zeit und reicht Zeit in die Ewigkeit. Wer vom Reich Gottes erfasst, von der Kraft Gottes erfüllt und vom Glanz Gottes umstrahlt ist, wer also an den Sohn Gottes glaubt, der hat »das ewige Leben« (Johannes 3,16). Er/sie »bleibt in Ewigkeit« (1. Johannes 2,17), wie »das lebendige Wort Gottes« (1. Petrus 1,23), wie auch »Glaube, Hoffnung, Liebe« (1. Korinther 13,13), die immer bleiben werden.

In der Anbetung können Menschen sich selber vergessen, weil im Lob der göttlichen Ewigkeit ihre eigene Zeit segens-

Das Geheimnis des Gerichts

reich aufgehoben wird. Die Lasten, die sie aus der Vergangenheit mit sich schleppen, die Sorgen und Ängste, die den Blick in die Zukunft verdunkeln, lösen sich auf, wenn die »Kräfte der zukünftigen Welt« (Hebräer 6,5) ins Herz einziehen.

So lassen sich im Lobpreis Gottes Schwermut und Todessehnsucht, die manchmal die Seele beherrschen, ertragen oder gar überwinden. »Ich sehne mich danach, aus der Welt zu scheiden und bei Christus zu sein, was auch viel besser wäre«, schreibt Paulus aus dem Gefängnis; »aber um euretwillen ist es nötiger, dass ich weiterlebe« (Philipper 1,23f).

Gegen alle schrecklichen Kämpfe um Macht und Besitz – Dein Reich.
Bei allem inneren und äußeren Elend – Deine Kraft.
Trotz aller Finsternis in Herz und Gemüt – Deine Herrlichkeit.
In jedem Augenblick der verrinnenden Zeit – Deine Ewigkeit.

Die Rituale: Beichte und Beerdigung

Was ist ein gutes Ende? Heute wünschen sich die meisten ein schmerzfreies, vor allem ein schnelles Sterben, am besten so, dass einen der Tod im Schlaf überrascht. Aber genau das war für die Menschen jahrhundertelang ein böses Ende, weil keine Zeit blieb, sich auf den Abschied vom irdischen Dasein angemessen vorzubereiten. Auch heute noch wird die manchmal sehr lange Zeit vor dem letzten Atemzug auf vielfache Weise gestaltet.

Der Prozess des Sterbens ist ja oft ein mühsamer und beschwerlicher Weg. Wer die Diagnose angedeutet oder eindeutig erhält, dass sein Ende bevorsteht, wird mit einem Schock reagieren und diese Nachricht nicht sofort wahrhaben wollen. Er kann in extreme Lähmung oder totale Verzweiflung geraten. Er kann die Ärzte oder seinen Gott um eine letzte Gnadenfrist bitten, weil er noch einmal einen Sommer oder seinen Geburtstag erleben möchte. Er kann sich stumpf in sein Schicksal ergeben. Irgendwann kann er sich aber auch zur eigenen Überraschung von seinem bisherigen Leben lösen und voller Hoffnung und Neugier auf den Übergang in die andere, die neue Welt warten.

Diese Momente des Abschieds sind von jeher durch Rituale geformt. Spätestens jetzt wird der letzte Wille im Testament bzw. in einer Patientenverfügung juristisch fixiert. Im Stillen oder im Gespräch mit anderen wird eine Lebensbilanz gezogen. Was war gut? Was war schwer? Was ist noch in Ordnung zu bringen? Freunde und Verwandte versammeln sich, um noch einmal gesegnet zu werden und um den Sterbenden dann in Frieden ziehen zu lassen. Er ist dann, hoffentlich, mit sich selbst und der Welt im Reinen.

Für den Glauben ist dann freilich noch eine, die entscheidende Frage zu klären. Wie werde ich vor dem Richterstuhl Gottes bestehen? In den Anfängen des Christentums haben sich viele erst auf dem Totenbett taufen lassen. Sie wollten ganz sicher sein, dass das neue Leben, das mit der Taufe beginnt, ihnen den Übergang in die andere Welt problemlos ermöglicht. In der römisch-katholischen Kirche wurde das, was heute Sakrament der Krankensalbung heißt, als »letzte Ölung« vollzogen, die für die Aufnahme in die Ewigkeit vorbereiten soll. In der evangelischen Kirche hat man jahrhundertelang am Sterbebett das heilige Abendmahl gefeiert, zur Versöhnung zwischen den anwesenden Familienmitgliedern, zur Versöhnung vor allem aber mit dem heiligen und gnädigen Gott.

Das Geheimnis des Gerichts

All das, was die weltlichen und geistlichen Rituale dem Sterbenden vermitteln wollen, ist in der Beichte (s.o. S. 161f) zusammengefasst. Auch dabei wird eine Lebensbilanz gezogen. Das kann ein einziger Satz sein: »Herr, sei mir Sünder gnädig«. Aber das kann auch im Bedenken vieler schwieriger Einzelereignisse und belastender Einzelhandlungen geschehen. Man muss nichts beschönigen. Man darf alles, was einen beschwert, benennen, weil man davon getrennt werden kann. »Dir sind deine Sünden vergeben«. Das ist ein Satz mit rechtlicher Kraft. Er gilt in dem Augenblick, in dem er im Namen Gottes gesagt wird. Er gilt auch dann, wenn man im »jüngsten«, im letzten Gericht über sein Leben Rechenschaft abzulegen hat. »Dir sind deine Sünden vergeben«. – »Wer will die Auserwählten Gottes beschuldigen? Gott ist hier, der gerecht macht. Wer will verdammen? Christus Jesus ist hier, der gestorben ist, ja vielmehr, der auch auferweckt ist, der zur Rechten Gottes ist und für uns eintritt« (Römer 8, 33f).

Wenn Menschen zur Welt kommen, brauchen sie einen Segen. Das gilt ebenso, wenn sie in die Erwachsenenwelt entlassen werden (Konfirmation) und später eine Lebensgemeinschaft beginnen (Trauung). Und das ist schließlich auch wichtig, wenn sie selbst das Zeitliche gesegnet haben und zur letzten Ruhe geleitet werden. Heute sagt man gern: Sie werden bestattet. Aber genauer müssen wir sagen: Wir werden begraben werden. Oder noch genauer: Wir werden beerdigt werden. »Erde zu Erde, Asche zu Asche, Staub zu Staub«, wird ein Pfarrer oder eine Pfarrerin an unserem Grab sagen und dabei dreimal einen Klumpen Erde auf unseren Sarg oder unsere Urne werfen. Er/sie wird hoffentlich Erde nehmen, auch wenn manche Angehörige sich lieber mit einem

Blumenstrauß von uns verabschieden mögen.

Menschen lassen ihre Leichen nicht einfach liegen und beseitigen sie auch nicht wie Abfall und Müll. In allen bekannten Kulturen vollzieht man ein Ritual, durch das man eine Trennung gestaltet und eine Hoffnung ausdrückt. Selbst die vorgeschichtlichen Spuren menschlicher Aktivitäten, die man bei Ausgrabungen oder in Höhlen entdeckt, werden von den Wissenschaftlern gern mit Bestattungsriten in Verbindung gebracht. Ein Todesfall weckt immer Handlungsbedarf, gegenüber der Leiche, gegenüber den Hinterbliebenen, aber auch gegenüber dem Menschen, der die Welt verlassen hat und dessen entseelter Körper zurückgeblieben ist.

Das Christentum hat diese Handlungen menschlicher Solidarität im Todesfall übernommen und durch den österlichen Glauben geprägt, obwohl Jesus selbst sich davon entschieden distanziert hat. Als einer seiner Anhänger sich entfernen will, um seinen Vater zu begraben, erhält er die schroffe Antwort: »Folge du mir und lass die Toten ihre Toten begraben!« (Matthäus 8, 22). Zum Reich Gottes, das Jesus verkündigt, gehört die Trennung von allen irdischen Bindungen, auch und gerade von den Menschen, die einen zur Welt gebracht haben (Lukas 14,26). Die Beerdigung, die der Glaube vollzieht, muss deshalb mehr umfassen als die Versenkung des Verstorbenen in die Erde oder als seine Überführung in die Totenwelt. Deshalb hat das kirchliche Begräbnis immer das Reich Gottes als Handlungsziel vor Augen gehabt. Die Toten wurden auf dem Kirchhof bestattet, also in allernächster Nähe zum Gotteshaus, oder gar, wenn es sich um hohe Vertreter der kirchlichen oder weltlichen Obrigkeit handelte, in der Krypta unter dem Altar. Sehr eindrucksvoll ist auch die Anlage der Gräber in der orthodoxen Kirche des Ostens. Sie sind in zweifacher Weise auf das Kommen des Reiches ausgerichtet. Das Kreuz steht nicht am Kopf-, sondern am Fußende des Grabes. Und das Grab insgesamt ist mit Blick nach Osten angelegt, es ist im wörtlichsten Sinn »orientiert«.

In den Kirchengesetzen ist festgelegt und in den Gemeinden manchmal umstritten, ob und in welcher Weise auch Nichtchristen bzw. aus der Landeskirche Ausgetretene kirchlich beerdigt werden können. Grundlage für alle Entscheidungen muss die Einsicht bilden: Die Bestattung ist eine Handlung menschlicher Fürsorge. Sie gehört zunächst einmal in den Bereich diakonischer Praxis. Wie ein evangelisches Krankenhaus nicht nur den Kirchenmitgliedern und ein kirchlicher Friedhof nicht nur Christ/innen offensteht, so kann auch das Ritual der Beerdigung Andersgläubigen oder Nichtgläubigen nicht einfach verweigert werden. Man wird die besonderen Umstände dabei sehr genau zu berücksichtigen haben. Wenn der Verstorbene eine kirchliche Handlung ausdrücklich abgelehnt hat, wird man das zu respektieren haben. Und auch für den Fall, dass dazu keine genauen Angaben vorliegen, wird man am Sarg alles vermeiden müssen, was wie eine kirchliche Beschlagnahme aussieht. In den Wildwest-Romanen von Karl May ist immer jemand da, der im Kreis der kämpfenden Männer ein Vaterunser sprechen kann, bevor die Leiche verscharrt wird. In dieser Szene steckt alles, was zur Würde einer humanen Bestattung gehört: Gott wird angerufen, sein Wille wird akzeptiert, es wird um Vergebung gebeten und sein herrliches, ewiges Reich beschworen.

Es kann sein, dass die Angehörigen, auch wenn sie noch nicht oder nicht mehr Mitglieder der Landeskirche sind, wünschen, was im Regelfall einen wesentlichen Bestandteil der kirchlichen Beerdigung ausmacht: die Verkündigung der Auferstehung, die Botschaft vom Reich Gottes. Menschen, unabhängig davon, ob und in welchem Maß sie im Glauben leben, brauchen im Trauerfall Trost und Hoffnung. Sie müssen sich von dem Angehörigen, der in die Erde gebettet wird, nicht nur äußerlich, sondern mehr und mehr auch innerlich trennen. Und sie wünschen in ihrem Herzen, auch wenn die Beziehung im Alltag nicht immer nur gut gewesen ist, für den Verstorbenen, wie man zum Abschied sagt, »alles Gute«. Gerade am Grab können sie die Hoffnung auf das ewige Leben aufnehmen, weil ihnen noch gar nicht endgültig klar ist, dass das irdische Leben zu Ende gegangen ist. Erst in den Wochen und Monaten danach, wenn der Verlust des geliebten Menschen immer deutlicher das Alltagsleben bestimmt, wird sich zeigen, ob die Hoffnung auf das ewige Leben die Traurigkeit über das Ende des irdischen Lebens vertreibt.

Dass das geschehen kann, dafür soll noch ein dritter Aspekt im Beerdigungsritual sorgen. Hier wird nicht nur, diakonisch, in einem Akt humaner Solidarität, ein Leichnam würdig unter die Erde gebracht. Und es sollen auch nicht nur kerygmatisch, durch gute Worte, die trauernden Hinterbliebenen getröstet werden. Vielmehr wird auch am Verstorbenen gehandelt. Sein Leben wird in doppeltem Sinn aufgehoben. Es wird noch einmal, in einer knappen Zusammenfassung der entscheidenden Stationen seines Lebenslaufs, im Rückblick zur Sprache gebracht. Dieses zu Ende gegangene Leben wird aber auch auf eine neue Ebene gehoben. Es wird für den Weg durch das Gericht zum ewigen Leben mit verschiedenen Handlungen vorbereitet.

Das Geheimnis des Gerichts

Der Tote liegt im Sarg, mit geschlossenen Augen und gefalteten Händen. Sein Leinenhemd ist meistens weiß, wie das Gewand des Engels, der Jesu Auferstehung verkündigt (Matthäus 28,2ff). Die Hände halten ein Kreuz, auf der Brust liegt, jedenfalls in der orthodoxen Kirche, eine Christus-Ikone, machtvolle Symbole, die den Weg durch das Sterben in das ewige Leben erschließen. Alles, was an und mit dem noch offenen oder schon geschlossenen Sarg geschieht, soll nicht nur den Angehörigen helfen, sich vom Toten zu trennen. Es soll auch und vor allem den Verstorbenen in die andere Welt, in das Reich Gottes, überweisen.

»Gott sei seiner armen Seele gnädig«. Gebete befehlen den Toten der göttlichen Gnade. Lesungen aus der Bibel bewegen alle Anwesenden zur Hoffnung auf ewiges Leben. Vaterunser und Glaubensbekenntnis rücken den Verstorbenen noch einmal in die Gemeinde der Heiligen ein, die auf der Erde noch trauern muss, aber in Gottes Reich jubelt.

Beim Übergang aus dem Sterben ins Leben werden die Toten in allen Etappen gesegnet, im Sterbezimmer, beim Verlassen des Hauses, beim Auszug aus der Friedhofskapelle, im Grab. Was dabei geschieht, ist in einem lateinischen Text aus dem 8. Jahrhundert so formuliert:

»Es segne dich Gott, der Vater,
der dich nach seinem Bild geschaffen hat.
Es segne dich Gott, der Sohn,
der dich durch sein Leben und Sterben erlöst hat.
Es segne dich Gott, der Heilige Geist,
der dich zum Leben gerufen und geheiligt hat.
Gott, der Vater und der Sohn und der heilige Geist
geleite dich durch das Dunkel des Todes in sein Licht.
Er sei dir gnädig im Gericht und gebe dir Frieden und ewiges
Leben«.

Das Schlusswort

Amen.

>*»Amen, Amen, das heißt: Ja, Ja, es soll also geschehen«.*
>
> Martin Luther, Der kleine Katechismus

Am Ende eines Buches:

>*»Ich hoffe, Sie werden dieses Buch in Sanftmut schließen und ohne Hohn für die, die darin verbleiben«.*
>
> Harold Brodkey, Profane Freundschaft

Am Ende einer Verführung:

>*»und ich hab ja gesagt ja ich will Ja«.*
>
> James Joyce, Ulysses

Am Ende einer Leidenschaft:

>*»Vermutlich wollen Sie Saukerl es so haben; und jetzt gehe ich in die Amboise Street und besaufe mich, und wenn Sie nicht wissen, wo die Amboise Street liegt, dann bitten Sie Ihren Sohn, es Ihnen zu sagen, und wenn Sie nicht wissen, was besoffen sein ist, dann kommen Sie mal hin und betrachten Sie mich, und wenn Sie kommen, bringen Sie Geld mit, denn ich saufe auf Kredit«.*
>
> William Faulkner, Wendemarke

Am Ende einer Gefangenschaft

>*»Thoas: So geht! – Iphigenie: Nicht so, mein König! Ohne Segen, in Widerwillen, scheid' ich nicht von dir. ... Thoas: Lebt wohl!«*
>
> Johann Wolfgang Goethe, Iphigenie auf Tauris

Am Ende der Heilsgeschichte:

> *»Sämtliche Verheißungen Gottes sind in Jesus Christus zum
> Ja geworden. Deshalb erhält durch ihn auch das Amen seine
> Kraft, das wir Gott zum Lob sprechen«.*
>
> Paulus, 2. Brief an die Korinther 1,20

Am Ende der Zeit:

> *»Er, der dies alles bezeugt, spricht: Ja, ich komme bald. –
> Amen.*
> *Komm, Herr Jesus!*
> *Die Gnade des Herrn Jesus sei mit allen!«*
>
> Offenbarung des Johannes 22,20f

Am Ende des Lebens:

> »Do jidd et nix ze kriesche«.
>
> Konrad Adenauer auf dem Sterbebett

> *»Da nun hat er deutlich, wenn auch äußerst langsam, die
> Worte gesprochen, die ich mit voller Sicherheit ganz genau
> wiederzugeben vermag: › Was macht das schon aus? Alles ist
> Gnade‹. Und ich glaube, fast unmittelbar danach ist er
> gestorben«.*
>
> Georg Bernanos, Tagebuch eines Landpfarrers

Vor dem Anfang des Anfangs – nach dem Ende des Endes:

> *»Am Anfang war das Wort ... warum, Papa?«*
>
> Andrej Tarkovskij, Opfer

Die zehn Gebote

Ich bin der Herr, dein Gott.
Du sollst nicht andere Götter haben neben mir.

Du sollst den Namen des Herrn, deines Gottes,
nicht unnütz gebrauchen.

Du sollst den Feiertag heiligen.

Du sollst deinen Vater und deine Mutter ehren,
auf dass dir's wohl gehe und du lange lebest auf Erden.

Du sollst nicht töten.

Du sollst nicht ehebrechen.

Du sollst nicht stehlen.

Du sollst nicht falsch Zeugnis reden
wider deinen Nächsten.

Du sollst nicht begehren deines Nächsten Haus.

Du sollst nicht begehren deines Nächsten Weib,
Knecht, Magd, Vieh noch alles, was sein ist.

P.S. So hat M. Luther die Zehn Gebote in seinem Kleinen Katechismus
wiedergegeben. Unser Erläuterungen folgen dem Originaltext des Alten
Testaments in 2. Mose 20,1-17. Das Bilderverbot, das Luther gestrichen
hatte, hat angesichts der zahlreichen »Gottesbilder« in uns und um uns
herm gerade in der Gegenwart eine große Bedeutung.

Das Apostolische Glaubensbekenntnis

Ich glaube an Gott,
den Vater, den Allmächtigen,
den Schöpfer des Himmels und der Erde.

Und an Jesus Christus,
seinen eingeborenen Sohn, unsern Herrn,
empfangen durch den Heiligen Geist,
geboren von der Jungfrau Maria,
gelitten unter Pontius Pilatus,
gekreuzigt, gestorben und begraben,
hinabgestiegen in das Reich des Todes,
am dritten Tage auferstanden von den Toten,
aufgefahren in den Himmel;
er sitzt zur Rechten Gottes,
des allmächtigen Vaters;
von dort wird er kommen,
zu richten die Lebenden und die Toten.

Ich glaube an den Heiligen Geist,
die heilige christliche Kirche,
Gemeinschaft der Heiligen,
Vergebung der Sünden,
Auferstehung der Toten
und das ewige Leben.
Amen.

Das Vaterunser

Vater unser im Himmel.
Geheiligt werde dein Name.
Dein Reich komme.
Dein Wille geschehe,
wie im Himmel, so auf Erden.
Unser tägliches Brot gib uns heute.
Und vergib uns unsere Schuld,
wie auch wir vergeben unsern Schuldigern.
Und führe uns nicht in Versuchung,
sondern erlöse uns von dem Bösen.
Denn dein ist das Reich
und die Kraft
und die Herrlichkeit in Ewigkeit.
Amen.